エセ保守が日本を滅ぼす

適菜収×山崎行太郎

K&Kプレス

目次

第二章　安倍晋三は保守ではない

第三章　永遠に騙され続ける人々

第四章　御用メディアの正体

第五章　命懸けの思想

はじめに

森友問題に関する公文書改竄、南スーダンPKO・イラク派遣における日報の隠蔽、裁量労働制のデータ捏造……。安倍晋三およびその周辺による国家の破壊は、今になって始まったわけではない。憲法の恣意的な解釈、共謀罪、秘密保護法、TPP、カジノ招致、デフレ下の消費税増税、派遣法の改悪。全ては起こるべくして起きたのである。

なぜここまでデタラメな政権が暴走を続けたのか？

本書で示した通り、根本的な原因はこの四半世紀における「改革」の大合唱と政治制度の改悪にある。細川政権が選挙制度そのものに手をつけた結果、政治はマーケティングによりバカの動向を探ることで成り立つようになった。それに伴い、必然的に政治家も劣化し、自民党も変質した。小泉政権は自民党から保守勢力を追放。戦後政治の腐敗の行き着いた先が、民主党政権であり、その劣悪な本能を引き継いだのが安倍政権である。

こうした状況に対し、一貫して状況判断を間違え、国家の破壊に加担してきたのが自称保守系メディアであり、その周辺の自称保守だった。

特に産経新聞とバカウヨ向け月刊論壇誌は、政治家としても人間としても三流以下の安倍という「幼児」、タチの悪いグローバリストを担ぎ上げ、国を大きく傾けた。安倍に唯一功績があるとしたら、この手の連中の正体を完全に明らかにしてしまったことだろう。

三笠宮崇仁親王は「偽りを述べる者が愛国者とたたえられ、真実を語る者が売国奴と罵られた世の中を、私は経験してきた」(『日本のあけぼの　建国と紀元をめぐって』)とおっしゃった。

今の時代も全く変わらない。

デタラメな政権を礼賛するプロパガンダを流す連中が「愛国者」を名乗り、具体的に嘘や矛盾を指摘するだけで、「売国奴」、「反日」と罵られる。

人間の精神が進化するというのは幻想にすぎず、世の中は大昔から今に至るまでこんなものなのかもしれない。しかし、今の時代の特徴は、国家の中枢から外に向けて「革命」が行われていることだ。

思考停止した左翼はこの流れを理解できないので有効な批判を打ち出すことができない。安倍をナショナリスト、排外主義者、復古主義者と誤認し、「9条を守れ」と旧態依然としたスローガンを念仏のように繰り返すだけだ。一方、安倍を批判すべき保守が壊滅状態にあることは、これから本書で示す通りだ。

安倍を支持してきたのは保守でも右翼でもない。

利権がある連中（財界）か、単なる反左翼の思考停止した連中（保守系論壇誌に多い）か、新自由主義を保守と勘違いしているバカか、関連の宗教団体か、改革幻想に踊らされた花畑である。要するに大衆だ。安倍政権の支持率は一時期6割を超えていた。保守や右翼が6割もいるわけはないではないか。

わが国はすでに公文書を改竄する三流国になっている。

バカがバカを支持すればバカな国になる。

多くの日本人は自ら亡国への道を選んだのだ。

保守論壇の劣化を早いうちから指摘していた山崎行太郎さんと『月刊日本』誌上で対談を始めたのは、2016年4月号からだった。単行本化に際し読み返してみたが、われわれが危惧した通りの世の中になってきた。目を覚ますなら今だろう。

2018年

適菜収

第一章　ニーチェに学ぶ保守思想

誤解された思想家

山崎　今回の対談は、まずは適菜さんが一貫して論じてきたニーチェの議論から始めたいと思います。適菜さんは政治評論をたくさん書いているので、適菜さんのことを政治評論家と思っている人もいるかもしれません。

しかし、もともと適菜さんはニーチェの『アンチクリスト』の現代語訳である『キリスト教は邪教です！』で作家デビューし、『ニーチェの警鐘』や『新編　はじめてのニーチェ』など次々にニーチェ関連の書籍を出版し、一躍論壇の寵児となりました。適菜さんにはニーチェという思想的バックグラウンドがあるわけです。

実際、適菜さんは政治情勢について論じる場合も、絶えずニーチェを参照し、ニーチェに立ち戻っていますよね。それが適菜さんの政治評論を他の作家や評論家たちとは一味違うものにしているのだと思います。

僕は「文学や哲学を知らずして政治や経済を語るなかれ」ということをモットーにしているので、適菜さんの姿勢にはすごく共感しています。

もちろん適菜さん以外にもニーチェについて論じている人はいます。日本にはニーチェ学者やニーチェ研究者みたいな人たちがたくさんいます。最近ではポストモダン学者やポストモダン思想家たちもニーチェを論じている。ニーチェは一見謎めいていて面白いから、みんな一言言いたくなるんですよ。だけど、彼らがどこまでニーチェを理解し、物にしているかと言えば、疑問です。

適菜　ニーチェは誤解されている思想家で、きちんとニーチェを読めている人は少ないなという印象です。世間では、ニーチェは無神論者でアナーキストで道徳の破壊者だという扱いを受けていますよね。でも、実際にはそうではありません。ニーチェが破壊したのはキリスト教の神であって、神一般を批判したわけではない。また、決して神の存在を否定していたわけでもありません。それは『権力への意志』などの著書を見れば明らかです。

私は、多くの種類の神々があることを疑うことはできない……或る種の静謐さや気軽さをぬきにしては考えることのできないような神も、なくはないのである……

（ニーチェ『権力への意志』）

同じように、ニーチェは不健全なキリスト教道徳を批判しましたが、道徳一般を批判したわけではない。ニーチェはゲーテの流れをくんでおり、ヨーロッパのまっとうな思想家と考えたほうがいいと思います。

山崎　ニーチェが生きた時代には、キリスト教道徳が社会に定着していました。しかし、ニーチェはキリスト教道徳は一つのイデオロギーにすぎないと考えた。つまり、キリスト教を一つの「物語」と捉えたわけです。ニーチェは『道徳の系譜』で、キリスト教道徳がどのような経緯で出来上がってきたかを論じています。それにより、キリスト教がイデオロギーであることを暴露しようとしたんですね。

われわれは道徳的諸価値の批判を必要とする、これら諸価値の価値そのものがまず問われねばならぬ、──そのためには、これら諸価値を生ぜしめ、発展させ、推移させてきたもろもろの条件と事情についての知識が必要である。（ニーチェ『道徳の系譜』）

ニーチェはキリスト教批判を通して、当時のヨーロッパ社会に風穴をあけようとしたのだと思います。

適菜　そうですね。世界をイデオロギーや理念などで裁断してしまうと、それによって見えなくなってしまうものがある。だからニーチェはキリスト教道徳を批判したのです。

山崎　ニーチェはプラトン哲学も厳しく批判しています。ニーチェの時代には、キリスト教と同時にプラトン主義も大きな力を持っていました。ニーチェにとっては、これらがともにまやかしに見えたのでしょう。

適菜　ニーチェはキリスト教を「大衆向けのプラトニズム」だと述べています。

　プラトンに対する闘いは、あるいは、これをもっとわかりやすく〈大衆〉むきにいえば、幾千年にわたるキリスト教的・教会的圧迫に対する闘いは――というのもキリスト教は〈大衆〉むきのプラトン哲学であるのだからだ――、かつて地上にその例を見なかったような素晴らしい精神の緊張をヨーロッパに創りだしたのだ。これほどにまで引き張られた弓をもってすれば、今や、どんなに遠い標的でも射当てることができるというものだ。

（ニーチェ『善悪の彼岸』）

プラトンは真理や美について論じました。しかし、ニーチェはそうした概念に振り回され、現実を見失ってはならないと考えたのです。

山崎　プラトン主義もまた、キリスト教と同様、一つの「物語」にすぎないということですね。

保守とは何か

山崎　理念や概念といったものを重視しすぎると、どうしても思考が硬直化し、イデオロギー化してしまいます。これは左翼的な思考と似ています。左翼は理念に囚われ、現実を見失いがちですからね。

とすれば、理念や概念に振り回されることを批判したニーチェは、保守的とも言えます。

適菜　その通りです。保守とは何かということを簡単に定義すると、「人間理性に懐疑的であること」です。

もともと保守主義はフランス革命に端を発します。フランス革命を主導したロベスピエールは、理性によって社会を合理的に設計することを目指しました。しかし、フランス革命がもたらしたのは、地獄そのものでした。自由の名のもとに自由が抑圧され、社会正義や人権の名のもとに大量虐殺が行われた。伝統は無視され、人々は素朴に暮らすことができなくなった。

そうした潮流に対抗し、日々の生活を守ろうとしたのが保守主義です。そのため、保守主義は近代啓蒙思想をそのまま現実社会に当てはめることを警戒します。抽象的なものを批判し、現実に立脚しようとします。

もっとも、保守は近代啓蒙主義を全否定するわけではありません。節度ある自由や節度ある平等、節度ある改革は認めます。イデオロギーや理念に流されず、現実とのバランスをとらなければならない——これが保守の考え方です。

ニーチェがやってきたことも同じです。ニーチェは一貫して近代啓蒙思想を暴走させたら大変なことになると言っています。だからニーチェの思想は保守思想だとしか言いようがないんですよ。

山崎　ニーチェの考え方は、かつて日本で保守派と呼ばれていた作家や評論家たちとも共通します。

適菜　そうですね。たとえば、福田恆存は、保守とは大義名分を掲げて運動するようなものではないと言っています。最近では「われわれ保守派は！」と大声をあげてイデオロギーを振り回している人たちがいますが、こうした連中は保守とは言えません。自称保守にすぎません。

保守派はその態度によって人を納得させるべきであって、イデオロギーによって承服させるべきではないし、またそんなことは出来ぬはずである。おそらく革新派の攻勢にたいするあがきであろうが、最近、理論的にそれに対抗し、保守主義を知識階級のなかに位置づけようとする動きが見られる。だが、保守派が保守主義をふりかざし、それを大義名分化したとき、それは反動になる。大義名分は改革主義のものだ。もしそれが無ければ、保守派があるいは保守党が危殆《きたい》に瀕《ひん》するというのならば、それは彼等が大義名分によって隠さなければならぬ何かをもちはじめたということではないか。（福田恆存「私の保守主義観」）

また、江藤淳も、保守主義は「主義」がついているけれども、イデオロギーではないと言っています。

保守主義というと、社会主義、あるいは共産主義という主義があるように、保守主義という一つのイデオロギーがあたかも存在するかのように聞こえます。しかし、保守主義にイデオロギーはありません。イデオロギーがない――これが実は保守主義の要諦なのです。

（中略）

一八九七年（明治三十年）にイギリスのニューカッスル・アポン・タインのアームストロング造船所で、英国労働争議史上に特筆されるような大争議がありました。このとき欧州大陸からドイツの社会主義インターナショナル系を中心とする革命オルグが続々と英国にやってきて、労働者をイデオロギーによって組織しようとした。ところがイギリスの労働者たちは、このイデオロギー信奉者たちを追い返してしまった。俺たちは労働時間を短縮し、賃金を上げてもらいたいだけで、わけのわからない「主義」は必要ない、と。

（江藤淳「保守とはなにか」）

三島由紀夫との共通点

山崎　僕がニーチェと似ている思想家として最初に思い浮かぶのが、三島由紀夫です。三島由紀夫が書いたものを見ると、ニーチェと共通する点がたくさんあります。三島自身もニーチェに共感していることを言っていました。

ニーチェがキリスト教に反対しただけじゃなくて、プラトニズムまでひっくるめて否定しちゃったということは爽快ですね。やはり西洋というものは、そういうふうにニーチェ的に要約されてよくわかるような気がします。ニーチェが日本に好かれる理由の一つですね。

（三島由紀夫「ニーチェと現代」）

適菜　三島が美学について論じたものを見ると、ニーチェそのものです。

しかし一方では、私の中にどうしようもない明るい芸術の魔力が再びよみがえり始めた。たとえば音楽でいえばモーツアルトのような、小説でいえばスタンダールのようなもの、そしてそれらの向うにはギリシャの芸術があった。私はやはりニイチェ的な考えでギリシャの芸術を見ていたと思うのであるが、どこをついても翳《かげ》のないような明るさ、完全な冷静さ、ある場合には陽気さ、快活さ、若々しさ、そういうものが見かけだけのものではなくて、一番深いフシギなものをひそめていることに打たれた。そして一番表面的なものが、一番深いものだとさえ考えるようになった。

（三島由紀夫「わが魅せられたるもの」）

山崎　ニーチェと三島由紀夫の大きな共通点をあげると、チープな愛国心に批判的だったことです。

およそこの世に存在する最も反文化的な病気と背理ともいうべきナショナリズム、ヨーロッパがかかっているこの国民的ノイローゼ、ヨーロッパの小国分立状態の、小型政治のこの永遠化に、ドイツ人は責任を負わねばならない。

（ニーチェ『この人を見よ』）

三島由紀夫も愛国心に懐疑的な発言を残していますね。

適菜　三島は愛国心に対して批判的でしたが、彼は「愛国心なんていらない」といった左翼的な発想から愛国心を嫌ったのではありません。日本に生まれたのだから日本を愛するのは当たり前のことであり、わざわざ「われわれは愛国者だ！」と叫ぶのが気持ち悪いと言っているんです。要するに、愛国を掲げてデモをしているような連中をからかっているわけです。

実は私は「愛国心」という言葉があまり好きではない。何となく、「愛妻家」という言葉に似た、背中のゾッとするような感じをおぼえる。この、好かない、という意味は、一部の神経質な人たちが愛国心という言葉から感じる政治的アレルギーの症状とは、また少しちがっている。ただ何となく虫が好かず、そういう言葉には、できることならソッポを向いていたいのである。

この言葉には官製のにおいがする。また、言葉としての由緒ややさしさがない。どことなく押しつけがましい。反感を買うのももっともだと思われるものが、その底に揺曳《ようえい》している。

では、どういう言葉が好きなのかときかれると、去就に迷うのである。愛国心の「愛」の字が私はきらいである。自分がのがれようもなく国の内部にいて、国の一員であるにもかかわらず、その国というものを向う側に対象に置いて、わざわざそれを愛するというのが、わざとらしくてきらいである。

（三島由紀夫「愛国心」）

山崎　ドイツの哲学者であるハイデガーに「杣径《そまみち》」という作品があります。内容をかみ砕いて言うと、都会の人間が緑豊かな地方に行き、「自然を大事にしよう」などと言うことがありますよね。しかし、もともとその地方に住んでいる人たちは、緑とともに生活しているから、わざわざ「自然を大事にしよう」などとは言わないわけです。「自然を大事にしよう」みたいなことを言う人間に限って、自然を大事にしたことがないということです。

杣《そま》とは森に対する古い名称のことである。杣にはあまたの径《みち》があるが、大抵は草木に覆われ、突如として径無き所に杜絶する。

それらは杣径と呼ばれている。

どの杣径も離れた別の経路を走る、しかし同じ森の中に消えてしまう。しばしば或る杣径が他の杣径と似ているように見える。けれども、似ているように見えるだけである。

これらの径の心得があるのは、杣人たちであり森番たちである。杣径を辿り径に迷うとはどういうことであるのか、熟知しているのは彼らなのである。

（ハイデガー「杣径」）

三島の言っていることもこれと同じロジックですね。しっかりと愛国心を持っている人は、わざわざ「愛国心が大事だ」なんて言う必要がないんですよ。

適菜　そうですね。それでは三島が何を守るべきと考えていたかというと、日本語です。言葉はわれわれが生まれる前から存在しているものであり、世界そのものです。三島は言葉の中にあらゆる「日本的なもの」が含まれていると考えていました。

ことばというものは、結局孤立して存在するものではない。芸術家が、いかに洗練してつくったところで、ことばというものは、いちばん伝統的で、保守的で、頑固なもので、そうしてそのことばの表現のなかで、僕たちが完全に孤立しているわけではない。それは、ことばは横にも広がるが、同時に縦にも広がる、だから芸術家の、ことに文学者の仕事は、ことばを通じて「縦の量」というものに到達するのだと。それは林さんのおっしゃった伝統とか、民族という問題とつながってくる。

（三島由紀夫「対話・日本人論」）

だからこそ、三島は言葉の混乱が許せなかったんです。

記者クラブのバルコニーから、さまざまな政治的スローガンをかかげたプラカードを見まわしながら、私は、日本の極度の混乱を目《ま》のあたりに見る思いがした。歴史的概念はゆがめられ、変形され、一つの言葉が正反対の意味を含んでいる。社会党の審議拒否も、全学連の国会突入も、政府の単独採決も、みな同じ「議会主義を守るために」というスローガンの下になされている。民主主義という言葉は、いまや代議制議会制度そのものから共産主義革命までのすべてを包含している。平和とは時には革命のことであり、自由とは時には反動政治のことである。長崎カステーラの本舗がいくつもあるようなもので、これでは民衆の頭は混乱する。政治が今日ほど日本語の混乱を有効に利用したことはない。私はものを書く人間の現代喫緊《きっきん》の任務は、言葉をそれぞれ本来の古典的歴史的概念へ連れ戻すことだと痛感せずにはいられなかった。

（三島由紀夫「一つの政治的意見」）

山崎　言葉を守るという場合、「日本語の伝統を守るためには、旧仮名を使わなければならない」などと言い出す人がいますよね。しかし、旧仮名を使ったからといって、それが直ちに日本語を守ることになるかというと、そうではない。三島はそんな表層的なことを言っているのではありません。

適菜　福田恆存は旧仮名にこだわった人ですが、福田が死んだあと、福田の真似をして旧仮名を使うような人たちが出てきました。旧仮名を使えば福田を継承したことになると思っているんでしょうが、滑稽ですね。

チェスタトンは保守か

山崎　ニーチェが誤解されるようになったのは、同時代の作家や評論家などがニーチェを厳しく批判したからだと思います。有名なのはイギリスのチェスタトンです。現代の評論家でニーチェに批判的な人たちを見ると、チェスタトンを引用している場合が多いですね。

適菜　チェスタトンの『正統とは何か』ですね。チェスタトンはニーチェのことを「脳軟化症」とまで言っています。

ニーチェには、生まれながらの嘲弄の才能があったらしい。哄笑することはできなくても、冷笑することはできたのだ。しかし彼の諷刺には、何か肉体を欠いた、実体感のなさとも言うべきものがある。その理由は単純である。要するに彼の諷刺の背後には、世間一般の道徳という巨大な実体が存在しないからである。彼自身が、彼の攻撃した何物にもまして馬鹿馬鹿しいのだ。しかしながらニーチェは、実際、実体を持たぬ観念的暴力主義全体の失敗を、いかにも端的に代表する典型と言っていいだろう。彼は晩年脳軟化症にとりつかれたが、これは単なる肉体的な偶発事ではない。かりにニーチェ自身が痴呆症に陥らなかったとしても、ニーチェ主義はかならずや痴呆症に陥るほかはないからだ。孤立した傲慢な思考は白痴に終わる。柔かい心を持とうとせぬ者は、ついには柔かい脳を持つことに到りつくのである。

（チェスタトン『正統とは何か』）

山崎　「脳軟化症」とは酷い言い方ですね。

適菜　チェスタトンがニーチェを批判したのは、チェスタトンがカトリック教徒だったからですよ。キリスト教を批判する奴はけしからんということで、ニーチェを槍玉にあげただけです。チェスタトンの言っていることは単なる悪口にすぎません。

山崎　最近の自称保守派たちがチェスタトンを保守主義者だと見なしているのは、チェスタトンが伝統の重要性について論じているからだと思います。伝統を重視するチェスタトンが批判したのだから、ニーチェは左派に違いないということで、ニーチェを排除するようになったのでしょう。だけど、チェスタトンが保守かどうかというのは、かなり疑わしいですね。

適菜　チェスタトン自身は進歩主義を肯定しています。彼は『正統とは何か』で、「保守主義に反対すべき唯一の論拠」ということを論じています。つまり、自分は保守主義者じゃないと言っているんです。

すでに述べたように、世人が進歩主義者となるべき理由の一つとして挙げているのは、世の中の物事が自然によくなって行く傾向があるということである。だが、進歩主義者となるべき真の理由はただ一つ、世の中の物事は自然に悪くなって行く傾向があるということなのである。いや、物事が堕落して行くということは、単に進歩主義の最大の論拠であるだけではない。保守主義に反対すべき唯一の論拠でもある。事物の堕落ということがなかったならば、実に保守主義はまさしく包括的で反論の余地のない理論となるだろう。けれども、あらゆる保守主義の基礎になっている観念は、物事は放っておけばそのままになっているという考えかたである。ところがこれが誤りなのだ。物事を放っておけば、まるで奔流のような変化に巻きこまれるに決まっている。

（同前）

チェスタトンの議論は支離滅裂です。繰り返しになりますが、保守は急進的な平等主義や自由主義を批判します。保守こそチェスタトンが言う「奔流のような変化」を阻止しようとしたんですよ。物事は放っておいてもかまわないと考えるのは、むしろ自由主義者たちです。チェスタトンをきちんと読めば、保守主義の文脈で扱ってはいけない人だとわかるはずです。

保守主義と自由主義の混同

山崎　チェスタトンは自由主義と保守主義を完全に混同してしまっていますが、これは最近の自称保守派たちにも見られることです。

適菜　なぜ保守主義と自由主義が混同されるようになったのかと言うと、一つには冷戦の影響があります。冷戦時代には現実にソ連の脅威があったから、反共という点で保守は自由主義者たちと共闘できる部分がありました。

ところが、保守派は冷戦が終わったあともそのまま自由主義と結びつき、「自由主義こそが保守の本質だ」とまで言い出すようになってしまった。もともと保守派は急進的な自由主義を警戒していたはずなのに、思考が冷戦時代のまま完全に停止してしまっているんですよ。

経済学者のハイエクが保守主義者だと見なされているのも、ここに原因があります。ハイエクはナチスや共産主義を批判し、地域共同体や伝統の重要性を説きました。しかし、これは政府が社会に介入することを批判するためであって、保守思想を持っていたからではありません。

実際、ハイエクは主著である『自由の条件』に、わざわざ「追論」として「なぜわたくしは保守主義者ではないのか」という文章を載せています。

しかしわたくしが明らかにしようとしてきた立場は、しばしば「保守的（conservative）」と説明されることがあるとしても、その立場は伝統的にこの名称をつけられてきたものとはまったく異なるものである。自由の擁護者と真の保守主義者とを、それぞれの異なった理想を等しく脅かす動きにたいして、共同で反対させている状態から生じる混同は危険である。

（ハイエク『自由の条件』）

ハイエク自身が保守主義者であることを否定しているのに、なぜ彼を保守と見なすのか理解できません。

山崎　いわゆる保守派の間では、いまだに共産主義に対する恐怖心や抵抗感がすごく強いですよね。彼らは共産主義者や共産主義にシンパシーを示す人たち、あるいは共産主義を批判しない人たちに対して猛烈な勢いで批判を加えています。これは共産主義者が非共産主義者たちを排除する姿勢に似ています。

適菜　そうなんですよ。もちろん保守は共産主義に反対します。しかし、三島由紀夫が言っているように、反共に熱狂してしまうと、むしろ共産主義的なものに近づいてしまいます。自称保守派たちは、左翼の連中を批判しているうちに、いつの間にか左翼的になってしまったんですよ。

目下の危険は、ファッシズムや、コミュニズムそのもののなかにあるのではなく、「反共」という観念に熱中して、本来技術的な政治形態が、おのれの相対主義を捨て、世界観的な政治を摸倣するところにある。

二つの世界の対立は、資本主義国家と共産主義国家、民主々義国家と共産主義国家の対立、という風に規定されているけれど、本来別の範疇に属する政治形態の間には、厳密に云って、対立関係というものはありえない。もしあればそれは、理念的対立ではなく、力の対立である。だから本当の危機は単なる力の対立が、理念的対立を装うところにあるのだ。

（三島由紀夫「新ファッシズム論」）

それから、反共に熱狂すると、今度は自由主義の危険性が見えなくなってしまいます。自由は手放しで称賛できるものではありません。自由が暴走すると新自由主義やアナーキズムに行き着き、逆に自由の息の根を止めてしまいます。

山崎　保守主義と自由主義が混同されるようになった理由をもう一つあげれば、アメリカの存在です。これも冷戦と関係がありますが、日本の保守派は冷戦時代、ソ連と対決するためにアメリカとの関係を大切にしました。そのため、アメリカの価値観が保守派の中に流れ込んでしまったのではないかと思います。

適菜　安倍政権が典型的ですが、自称保守派たちは「日本とアメリカは運命共同体であり、価値観を同じくする」などと言っています。アメリカの価値観をそのまま受け入れているわけです。

日米同盟は、米国史全体の、４分の１以上に及ぶ期間続いた堅牢さを備え、深い信頼と、友情に結ばれた同盟です。

自由世界第一、第二の民主主義大国を結ぶ同盟に、この先とも、新たな理由付けは全く無用です。それは常に、法の支配、人権、そして自由を尊ぶ、価値観を共にする結びつきです。（2015年4月30日「米国連邦議会上下両院合同会議における安倍総理大臣演説」）

しかし、アメリカの価値観、中でもアメリカにおける保守というものは非常に特殊なものです。アメリカは建国当初から自由を至上の価値としてきました。そのため、自由を神格化する人たちが保守と見なされます。これはヨーロッパの保守観とも大きく異なります。

山崎　アメリカのような歴史も伝統もない人工国家からイデオロギーを輸入してきても、日本に適合するはずがない。かつての保守派たちはそのことを理解していたと思います。

適菜　三島由紀夫もアメリカの価値観は日本には当てはまらないと言っています。

アメリカという国は、十八世紀の古典的な理念が、おもて向きいちばんのうのうと生きている国なんですね。アメリカはああいう人種の雑種の国ですし、歴史は浅いし、インターナショナリズム的な観念でも、国内でじゅうぶん充足するわけです。妥当するわけです。たとえばここにフランス系アメリカ人と、ドイツ系アメリカ人と、オランダ系アメリカ人の三人の話を通じさせるのに、結局祖先のもとまでもどって、十八世紀的な理念で伝達するほかない。だから彼らは、自由といい、平和といい、人類というときに、それは信じているると思う。それは彼らの生活の根本にあって、そういうものでもって国家を運用し、戦争を運用し、経済を運用してやっている。それが日本にきてみた場合に、日本人がそういうような、ある意味で粗雑な、大ざっぱな観念で生きられるかどうかという、いい実験になったと思う。(中略)

ただ日本人は、そんな粗雑な観念を信じられないだけなんです。というのは、日本で自由だの平和だのといっても、そんな粗雑な観念でわれわれ生きているわけではありませんからね。

(三島由紀夫「対話・日本人論」)

自称保守派たちはこの点が全くわかっていません。だからチェスタトンやハイエクを保守だと誤解したり、サッチャーやレーガンのような政治家を保守だと勘違いするのです。

権力に対する警戒

山崎　先ほど適菜さんより、理性によって社会を合理的に設計することを目指したフランス革命が、とんでもない惨状を招いたというお話がありました。理性だけで物事を進めようとすれば、必ず問題が生じます。社会をまともに維持していくためには、理性とは別のカテゴリーに属するものが必要です。

たとえば、芸術や文学がそうですね。これらは一見すると社会にとって必ずしも重要ではないように思えますが、実は非常に大切なものです。

ニーチェもこのことを理解していたと思います。ニーチェは、真理よりも文学や芸術のほうが重要だと言っていました。

「善と美とは一つである」と主張するのは、哲学者の品位にふさわしからざることである。さらにそのうえ「真もまた」とつけくわえるなら、その哲学者を殴《なぐ》りとばすべきである。真理は醜い。

私たちが芸術をもっているのは、私たちが真理で台なしにならないためである。

（ニーチェ『権力への意志』）

適菜　芸術もそうだし、宗教もそうです。宗教は権力を抑制する緩衝材としても重要です。教会のような中間組織は、個人と権力が直接結びつくことを妨げますからね。逆に言えば、中間組織を解体すると、権力と個人が直結してしまうのです。

これはフランスの思想家であるトクヴィルが指摘していることです。民主主義社会では平等化が進みますが、それによって前近代的な階層社会やギルド、村落共同体などの社会的紐帯が消滅し、個人が完全に孤立してしまいます。こうした社会では伝統的な中間組織が存在しないため、個人と中央権力が直接結びつきます。

巨大化した中央権力は人々の享楽を保証し、生活の面倒を見る一方で、人々が永遠に子供のままでいることを求めるようになります。その結果、独裁組織が支持を集めるようになる。トクヴィルはこうした状況を「民主的な専制」と呼んでいます。

> 境遇が平等な国民に絶対的専制的政府を樹立することはそうでない国民に比べて容易だと思う。そしてそのような国民の下に一度そうした政府が立てられると、その政府は人々を抑圧するだけでなく、長い間には一人一人から人間の主要な属性のいくつかを奪おうとするであろう。私はそう考えている。
>
> 専制はだから民主的な世紀には特別恐るべきもののように思われる。
>
> （トクヴィル『アメリカのデモクラシー』）

山崎　個人と権力の関係という問題は、最近の自称保守の振る舞いについて考える上でも重要になります。最近のエセ保守は非常に権力に迎合的ですよね。彼らは自立心を完全に失い、権力におもねっています。孤軍奮闘して権力批判するのは格好悪いという雰囲気さえあります。

特にテレビに出ているようなコメンテーターは、周りの顔色をうかがいながら喋っています。非常に醜悪です。

適菜　そもそもテレビに出るような連中は、別に言論を求められているわけじゃないですからね。何となくお茶の間の空気に合わせたコメントをすることが求められているだけです。

山崎　おかしいものをおかしいと言える人が本当にいないですよね。かつての保守派は自民党寄りではあったかもしれませんが、だからといって自民党政権に迎合することはありませんでした。

適菜　保守は本来、権力を警戒します。フランス革命のときのロベスピエールに見られるように、左翼は特定のイデオロギーや正義のもと、権力を集中させようとします。毛沢東だってそうだし、ポルポトもそうです。

だから、保守は権力を分散させ、権力に歯止めをかけようとしてきたんです。モンテスキューもこの文脈で理解しないといけません。

民主政や貴族政は、その本性によって自由な国家であるのではない。政治的自由は制限政体にのみ見出される。しかし、それは制限政体の国々に常に存在するわけではなく、そこで権力が濫用されないときにのみ存在する。しかし、およそ権力を有する人間がそれを濫用しがちなことは万代不易の経験である。彼は制限に出会うまで進む。信じられないことだが、徳でさえ制限を必要とするのである。

権力を濫用しえないようにするためには、事物の配置によって、権力が権力を抑止するようにしなければならない。

（モンテスキュー『法の精神』）

ところが、日本の自称保守派の間ではこのことが理解されていません。安保法制をめぐって立憲主義が話題になったときも、「立憲主義などと言っているのは左翼の憲法学者だけだ」みたいなことを言っていた。

でも、立憲主義は権力に縛りをかけるという考え方で、これは保守の文脈から出てきた話ですよ。そこら辺の議論が完全に抜けてしまっています。

保守の宿命

山崎　僕が適菜さんの言論に魅力を感じるのは、言論の内容に共感を覚えるからというだけでなく、適菜さんに「ニーチェ的なもの」を感じるからです。

たとえば、いわゆる保守派の重鎮の一人とされている西尾幹二は、もともとニーチェ研究から出発し、ニーチェの翻訳をしたり、評伝のようなものを書いたりしていました。だけど、西尾幹二に「ニーチェ的なもの」は何も感じない。ニーチェの研究や翻訳をしているから、ニーチェについて知識はあるのかもしれないけど、彼自身はニーチェの思想とは何の関係もない生き方をしている。

それに対して、適菜さんはまさにニーチェと同じように、誰にも媚びずに言論活動を行っています。安倍政権や自称保守派に対してもかなり厳しい批判をしているから、「お前は左翼だ」などと非難されることもあるでしょう。

だけど、昔の保守派は、保守派同士でも激しい論争をしていました。三島由紀夫と福田恆存の意見が全て一致していたわけではないし、福田恆存と江藤淳だって潰し合いのような論争をしている。三島由紀夫が自決したときも、江藤淳が三島の自決を非難し、小林秀雄がそれに猛烈に反論するということがありました。

小林　三島君の悲劇も日本にしかおきえないものでしょうが、外国人にはなかなかわかりにくい事件でしょう。

江藤　そうでしょうか。三島事件は三島さんに早い老年がきた、というようなものなんじゃないですか。

小林　いや、それは違うでしょう。

江藤　じゃあれはなんですか。老年といってあたらなければ一種の病気でしょう。

小林　あなた、病気というけどな、日本の歴史を病気というか。

江藤　日本の歴史を病気とは、もちろん言いませんけれども、三島さんのあれは病気じゃないですか。病気じゃなくて、もっとほかに意味があるんですか。

小林　いやァ、そんなことというけどな。それなら、吉田松陰は病気か。

江藤　吉田松陰と三島由紀夫とは違うじゃありませんか。

小林　日本的事件という意味では同じだ。僕はそう思うんだ。堺事件にしたってそうです。

江藤　ちょっと、そこがよくわからないんですが。吉田松陰はわかるつもりです。堺事件も、それなりにわかるような気がしますけれども……。

小林　合理的なものはなんにもありません。ああいうことがあそこで起こったということですよ。

江藤　僕の印象を申し上げますと、三島事件はむしろ非常に合理的、かつ人工的な感じが強くて、今にいたるまであまりリアリティが感じられません。吉田松陰とはだいぶちがうと思います。

（小林秀雄「歴史について」）

たとえ保守派同士であろうが論争するというのが当然の姿です。仲良く応援し合っているほうがおかしいんですよ。

適菜　言論活動をビジネスにしている人たちは、人間関係を大切にしますからね。自称保守派たちはよくつるんでいるでしょう。そんなことをしているから、自由に批判ができなくなるんですよ。

山崎　そうですね。僕がこの問題について考えるときにいつも思い出すのが、江藤淳の「ペンの政治学」というエッセイです。

江藤淳は日本ペンクラブに所属していたのですが、あるとき日本ペンクラブが核反対の決議案を採決します。しかし、江藤は会合に遅れたため、採決のことを知らなかった。そこで、彼はあとからたった一人で決議案に反対したんです。

「そうすると、日本ペンの決議案は、決議されたのですね？」

　念のために、私は質した。

「その通りです」

　と、厳谷氏はいった。

「反対は一人もなかったのですか？」

　と、私は重ねて訊いた。

「一人もありませんでした」

　という答が返って来た。

「それじゃァ……、」

　と、私はいった。

「遅れて来て、こんなことをいって申訳ありませんが、私が日本ペン決議案に反対であることを、記録にとどめて下さい。私はこの決議に反対します」

　当然のことながら、一瞬白けた空気がその場に漂った。慣例で理事会を傍聴している新聞記者諸君は、みな一様に眼を伏せていた。

（江藤淳「ペンの政治学」）

江藤は文学者たちが徒党を組み、反対者を排除することを嫌っていました。確かに徒党を組んでお互いに褒め合えば、居心地もいいでしょう。たくさん仲間がいれば、自分が本を出版したときに褒めてもらえて、本の売り上げにもつながる。しかし、そういうことをしていると、批判がなくなるんですよ。

適菜　徒党を組むと批判しづらくなりますからね。それに、群れる人間は自分の頭で物を考えないから、すぐに流されてしまう。

山崎　昔の左翼はよく徒党を組んでデモをしていましたよね。それに対して、保守派が徒党を組むことはなかった。三島由紀夫や小林秀雄が市民と一緒にデモをしたなんて話は聞いたことがありません。

適菜　デモは基本的に数の論理です。デモの主催者たちは、参加者が1万人だったとしても2万人集まったとか多めに言いますよね。あれは数が多いほうに正当性があると思っているからです。でも、本当に正しいかどうかは数では決められません。

山崎　多数派が正しいということになれば、ベストセラーになったケント・ギルバートだって正しいということになりますからね。もちろん本は売れたほうがいいですが、売れれば何でもいいということではない。

適菜　やはり物書きが徒党の組むのは良くないですね。

山崎　僕だって面識がある相手は批判できませんよ。だから人付き合いはしないことにしている。

適菜　そうです。人付き合いしたらいけませんね、物書きは。

山崎　たった一人で批判を続けるというのはとても大変なことです。周りからは変な奴だと思われますし。でも、そういう姿勢を貫いたからこそ、適菜さんは大阪の橋下徹を追い詰めることができたんだと思いますよ。

だから、ちょっとオーバーなことを言うと、適菜さんにはニーチェのように病気にならないように気をつけてほしいですね。

適菜　まっとうな保守は、狂った社会においては異常者です。保守はそういう宿命を負っているのだと思っています。

第二章　安倍晋三は保守ではない

安倍晋三は左翼だ

山崎　前章で適菜さんが保守について、「保守とは人間理性に懐疑的であること」と簡潔に定義してくれました。この章では適菜さんの定義を参照しつつ、安倍政権の問題点を具体的に議論していきたいと思います。

まずは安倍晋三という政治家の言動を通して、彼の人間性や本質を見ていきたいと思います。安倍晋三は自らを保守だと思っており、多くの国民も彼を保守派の政治家だと見ています。しかし、彼が保守だというのは大間違いです。

適菜　安倍のやっていることは保守とは何の関係もありません。むしろ日本の伝統や文化、国柄を破壊するようなことばかりやっています。

象徴的なのが、２０１３年９月にニューヨークの証券取引所で行ったスピーチです。安倍はこの演説の中で、国籍や国境にこだわる時代は終わったと明言しています。保守であるなら、こんなことを言うはずがありません。

ここニューヨークでは、イチロー選手が日米４０００本安打という偉大な記録をつくりました。日本で海外の選手が活躍し、米国で日本の選手が活躍する。もはや国境や国籍にこだわる時代は過ぎ去りました。
世界の成長センターであるアジア・太平洋。その中にあって、日本とアメリカは、自由、基本的人権、法の支配といった価値観を共有し、共に経済発展してきました。その両国が、TPPをつくるのは、歴史の必然です。
（2013年9月25日「ニューヨーク証券取引所　安倍内閣総理大臣スピーチ」）

国籍や国境にこだわらない保守っていったい何なんですか。頭がおかしいとしか言いようがない。
もともと安倍は自著『新しい国へ』で、国籍が大切だと言っていたんですよ。

わたしたちは、国家を離れて無国籍には存在できないのだ。（中略）
基礎的な単位が必要であり、その単位が国家であるのは自明だろう。にもかかわらず、その国家をバイパスするという感性が育まれた背景には、戦後日本が抱えてきた矛盾が大きく影響している。
（安倍晋三『新しい国へ』）

たとえ何人かの大学教授がゴーストライターになって作った本だとしても、自分の名前で出したなら、読んでおくべきでしょう。

山崎　国籍や国境にこわだる時代が終わったというなら、竹島や尖閣諸島は放棄してもいいということになります。それならあれほど熱心に北方領土交渉に取り組まなくてもいいじゃないですか。

適菜　北方領土交渉なんて何もやっていませんよ。実際、ロシア外交において安倍は北方領土の主権問題を棚上げにした。驚いたのはむしろロシア側です。ロシアの記者団が「ロシアの法に基づいて共同経済活動を行うということに、日本側は抗議をしなかったのか」と問うと、ペスコフ大統領補佐官は「ロシア側の主権に議論の余地はない」と回答している。アホに総理をやらせるとこうなるのです。

山崎　国籍や国境にこだわらないというのは、グローバリストの発想です。資本は国境を越えて自由に移動します。多国籍企業を見ればわかるように、企業は国籍に関係なく、お金を稼ぐ力のある人間をどんどん採用します。グローバリストにとっては国籍にこだわることは金儲けをする上でマイナスなんですね。

あるいは、グローバリストというよりも左翼の発想と言ったほうがいいかもしれない。左翼の間では、国家や国民というものは、近代以降に生まれた人工的なものだという見方がなされています。だから、国境や領土をめぐって争うことや、排外主義は滑稽だということになる。

　実際、安倍政権の政策を見ていると、実に左翼的なものばかりですね。安倍政権は「規制改革は安倍内閣の一丁目一番地」などと述べて、次々に規制緩和を進めてきました。これは小泉純一郎政権から顕著になった傾向ですけれど、「規制緩和をすれば世の中が良くなる」と考えるのは、左翼の進歩史観に似ています。


　規制改革は安倍内閣の一丁目一番地であります。「成長戦略」の一丁目一番地でもあります。

　前政権における規制改革は、どちらかと言えば、規制改革のための規制改革になっていたわけでありますが、安倍政権においては、目的ははっきりしているわけでありまして、経済活性化のための規制改革であります。そして規制改革により経済の成長、そして雇用を作っていくということが目的であります。その目的を明確化させていただきたい、このように思います。

（2013年1月24日「規制改革会議」）

適菜　そうですね。「この道しかない」という発想も同様です。保守であれば、人間理性には限界があると考えるので、この道が正しいとは言い切れません。もしかしたら間違っているかもしれないから、念のために違う道も確保しておこうと考えます。安倍のように「この道しかない」として国家を特定の方向に導こうとするのは、人民政府的な発想です。

山崎　改革こそが正義だと思い込んでいるんでしょうね。

適菜　安倍は2015年の施政方針演説で「改革」という言葉を36回、2016年の施政方針演説では「挑戦」という言葉を21回も使っていました。

私から見れば、安倍政権のやっていることは、民主党政権がやってきたこととほとんど変わらない。民主党政権がやってきた最も危険な部分を引き継いでいるようにしか見えません。

たとえば、菅直人は議会制民主主義というものは期限を切った独裁だと言っていました。国民の支持を集めて第一党になったのだから、やりたい放題やって当たり前だ、嫌なら次の選挙で落とせばいいではないか、ということです。もちろん大間違いですが、これは安倍晋三と全く同じ考え方です。

それから、民主党政権は官僚に対抗するために規則自体を変えましたよね。安倍政権も同じことをしています。

山崎　加計学園問題などもそこに原因がありますからね。

適菜　安倍を支持している人たちの中には、「民主党がやったことに比べれば、安倍政権のほうがまだマシだ」と言っている連中もいるけど、政策的に見ればほとんど違いはありません。憲法の恣意的な解釈、デフレ下の増税、ＴＰＰ、移民政策……。むしろ民主党の一番危険な部分、愚劣な部分を引き継いだのが安倍政権です。

愛読書は『永遠の0』

適菜　安倍晋三という人間は根本的に革命思想が大好きなんですよ。安倍は吉田松陰を尊敬していると言っています。吉田松陰が好んだ「自ら顧みてなおくんば、千万人ともいえども我行かん」という言葉を引用したりしています。

私の祖父の岸信介の座右の銘は、「自ら顧みてなおくんば千万人ともいえども我行かん」。これこそ長州人の心意気ではないかと思い、私もこれからの政治に取り組んでいきたいと思うのであります。

（２０１４年7月19日「長州『正論』懇話会講演会」）

しかし、この言葉はもともと孟子の革命思想に基づくものです。松陰自身、革命のイデオローグであり、体制側から見ればテロリストです。為政者がテロリストの思想を用いて、日本を変えるとか「新しい国を作る」とか言っているわけでしょう。そんなことをやれば、国家が中枢から解体されてしまうのは当然です。

山崎　安倍の革命好きは「戦後レジームからの脱却」というキャッチフレーズにもあらわれています。これはおそらく戦後体制という古い体制を変革するという意味なのだと思います。そうすると、どうしても革命的な発想になるから、既存の体制を壊そうとする左翼に近くなります。

安倍が新自由主義者と一致するのもその点です。新自由主義者たちは既存の秩序を破壊し、新しい開放的な経済体制を作ろうとしている。だから革命的な発想と非常に近いわけです。

もちろん適菜さんが指摘しているように、保守派だってあらゆる改革を否定するわけではない。でも、保守派が認めるのはあくまでも節度ある改革であって、左翼やグローバリストのような革命的な改革ではない。

ただ、これは安倍晋三だけの問題ではありません。最近の政治家全般に言えることだと思います。政治家に「憧れている歴史上の人物は誰ですか」と聞くと、坂本龍馬と答える人がたくさんいますよね。彼らは坂本龍馬が明治維新において重要な役割を果したからということで、龍馬にシンパシーを抱いているんですよ。要するに、革命の立役者として龍馬を評価しているわけです。

適菜　典型的なのが維新の会ですね。党名がそのままですから。でも、明治維新を起こした人たちは外国のお金を使っていましたからね。外国のお金を使って騒動を起こした連中を称賛していいんですかね。

山崎　そうですね。しかも、坂本龍馬に憧れている政治家たちは、龍馬について色々と調べた上でシンパシーを抱いているのではなく、司馬遼太郎の歴史小説を読んで、それで憧れているだけなんですよ。

適菜　一昔前、政治家たちが愛読書に司馬遼太郎をあげるようになって、政治家が劣化したと歎かれましたよね。でも、今はそれどころじゃない。安倍の愛読書は百田尚樹の『永遠の0』ですよ。知性がゼロじゃないですか。安倍は百田と『日本よ、世界の真ん中で咲き誇れ』という対談本も出していますが、頭の中がお花畑で、本当に咲き誇っています。

ついでに言うと、橋下徹の愛読書は『いま、会いにゆきます』です。もう、何が何だかわからない。

山崎　もう一つ言うと、安倍は櫻井よしこも高く評価しているんです。櫻井の『日本の覚悟』という著書の解説を書いていますからね。

安倍はその中で、櫻井を保守派の重鎮であるかのように持ち上げ、絶賛しているんですよ。彼は櫻井よしことか百田尚樹を一流の作家だと思い込んでいるようです。

権威におもねることも、大勢に身を任せることも、よしとしない。この国のあり方について、言うべきことは穏やかに、しかしピシャリと言う。櫻井よしこさんの「覚悟」はいつも決まっている。

どんなに激しい議論の中でも、物腰は変わらない。その姿はときに、生徒を諄々《じゅんじゅん》と諭す教師のようにも映る。一方、メッセージは強烈だ。日本の国益とは何か。真の自立を達成するために何をすべきか。近現代史に関する知識と洞察力は群を抜いており、それをふまえた主張はぶれない。現実ばなれした理想論や感情論は容赦なく退けられる。やわらかな声だが、不思議とよく通る。

（櫻井よしこ『日本の覚悟』）

適菜　「権威におもねること」もよしとしないって、思い切りおもねっているじゃないですか。それがあのおばさんのビジネスでしょう。

山崎　そうですね。司馬遼太郎を愛読書にあげる政治家だってどうしようもないのに、これほど櫻井よしこを評価しているんですよ。この人は根本的に知的土壌が腐っていると思います。彼の頭に三島由紀夫や小林秀雄がちらつくことはないのでしょうね。
適菜　読んでいないでしょうね。
山崎　読んでいないどころか、名前さえ知らないかもしれない。ノーベル賞作家の川端康成とかを愛読書としてあげるならわかるけど、百田尚樹を大作家と思い込むなんて、まともな感性を持っていれば恥ずかしくて外を歩けませんよ。こんな人間が総理大臣をやっていると思うとぞっとします。

言葉の耐えられない軽さ

山崎　僕が安倍に違和感を覚えるのは、自分の言葉に全く責任を持たないからです。たとえば、戦後の文壇では、文学者たちが戦時中にどのような発言をしていたかということが逐一検証されました。それで、「お前はいまは戦争に反対するようなことを言っているけど、戦時中は戦争に賛成していたじゃないか」といった具合に批判されたわけです。
そうすると、その文学者の信用がなくなり、文壇から消えてしまうということもあった。だから文学者たちは自分の発言や言葉というものをすごく大切にしていたんです。

ところが、安倍はそうじゃないですよね。発言の一貫性なんて全く頭にない。前日に言ったことをケロッと忘れ、次の日には全然違うことを言っている。そして、それを恥じることもない。転向しようがしまいがそんなことは問題ではない。

これはいったいどう考えればいいんでしょうかね。まあ、安倍と文学者たちを比較すること自体に無理があるのかもしれませんが。

適菜　社会がおかしくなるときは言葉からおかしくなると言いますが、まさにジョージ・オーウェルの『一九八四年』の世界です。

『一九八四年』について少し説明すると、舞台はオセアニアと呼ばれる架空の大国で、核戦争を経たあと、国民が全体主義の統治下に置かれるようになったという設定です。この国では徹底した思想統制が行われ、「テレスクリーン」と呼ばれる双方向テレビジョンにより、あらゆる行動が監視されています。

主人公の役人ウィンストンの仕事は歴史の改竄です。「党」にとって都合が悪い過去の事実を抹消し、新たな歴史を捏造します。「党」は言葉の破壊や語彙の削減、意味の反転、略語の作成、イメージの置き換えを継続的に行っています。強制収容所を「歓喜キャンプ」と言い換え、平和省は戦争を維持し、豊富省は国民から搾取し、真理省は歴史を改竄し、愛情省は尋問と拷問を行う。

この小説は全体主義国家のパロディですが、同じことが安倍政権下で発生しています。移民を「外国人材」、家族制度の破壊を「女性の活用」、惨禍を招くグローバリズムを「積極的平和主義」、秩序破壊のための実験を「国家戦略特区」、不平等条約であるＴＰＰを「国家百年の計」、南スーダンの戦闘を「衝突」と言い換えることで、都合の悪い事実を隠そうとしている。

今アメリカではトランプ現象がきっかけとなって、『一九八四年』が読まれているそうですが、日本人こそこの本を読むべきですよ。

橋下徹から学んだこと

山崎　安倍はオンピック招致のプレゼンで、福島の状況はアンダーコントロールされていると言っていました。これも事実の隠蔽、歴史の改竄と言えます。

フクシマについて、お案じの向きには、私から保証をいたします。状況は、統御されています。東京には、いかなる悪影響にしろ、これまで及ぼしたことはなく、今後とも、及ぼすことはありません。

（２０１３年９月７日「ＩＯＣ総会における安倍総理プレゼンテーション」）

適菜　全くの嘘ですね。実際、そのすぐあとに東京電力は「完全にブロック」発言を事実上否定し、汚染水中の放射性物質が過去１年８カ月にわたり周辺の地中や港湾外の海に流出していた可能性があると発表しましたからね。

また、官房長官の菅義偉も汚染水を十分に制御できていないことを認めていました。

福島第一原発で2日夜に高濃度汚染水が漏れているのが新たに見つかった問題で、菅官房長官は3日、「実際に漏れているわけですから、対応策が十分だったとは思っていません。一切漏れてはならないことですから」と述べた。（２０１３年10月3日「日テレＮＥＷＳ24」）

山崎　２０１６年末に沖縄に米軍のオスプレイが墜落したときも、「墜落」ではなく「不時着」と言い換え、事故が軽微なものであるかのように印象操作を行っていました。

稲田朋美防衛相は14日未明、防衛省で記者団に「オスプレイが不時着水する事案が起き、大変遺憾」と述べた上で、「コントロールを失った状況ではなく、自発的にその場に着水したという説明を受けている」と話し、墜落ではないとの認識を示した。

（2016年12月14日「沖縄タイムス」）

適菜　米海軍安全センターはあの事故を、最も重大な事故と位置づけられる「クラスA」に分類し、米軍の準機関紙『星条旗新聞』でも「crashed」（墜落）という単語が使われていました。にもかかわらず、安倍政権はその事実を認めようとしません。

このオスプレイ墜落事故の1ヶ月後くらいに、再び沖縄で米軍のヘリが不時着する事故がありました。このときはヘリが大破したわけではありませんし、本当に「不時着」だったんです。だけど、この事故を「不時着」とするなら、オスプレイが大破した事故を「不時着」とは言えませんよね。言葉をごまかしているから、このような矛盾が生じてしまうんです。

山崎　安倍政権は共謀罪についても、批判が強かったため、「テロ等準備罪」に呼び方を変えて批判をかわそうとしました。

適菜　あれもおかしな話です。安倍は共謀罪は国際組織犯罪防止条約の締結のために必要であり、それができなければ東京オリンピック・パラリンピックを開くことができないと言っていました。

テロを防ぐためには、情報収集や捜査共助において国際社会と緊密に連携することが必要不可欠であり、既に百八十七の国と地域が締結している国際組織犯罪防止条約の締結は、そうした協力関係を構築する上で極めて重要な前提です。

開催国である我が国が、条約の国内担保法を整備し、本条約を締結することができなければ、東京オリンピック・パラリンピックを開けないと言っても過言ではありません。

（2017年1月23日「衆議院本会議」）

でも、オリンピックを招致する際には日本は安全だと言っていたんですよ。共謀罪がなければオリンピックができないというなら、オリンピックなんてやめればいい。

山崎　堂々と嘘をつけば嘘つきも許されるような雰囲気ですね。

適菜　安倍は大阪の橋下徹から学んでいる部分があると思います。橋下は確信犯的に嘘をついているので、「それは嘘だ」と指摘されても、痛くもかゆくもないんです。最初から嘘だとわかってやっているわけですからね。

たとえば、橋下はタウンミーティングで大阪の有効求人倍率についてパネルを出しなが

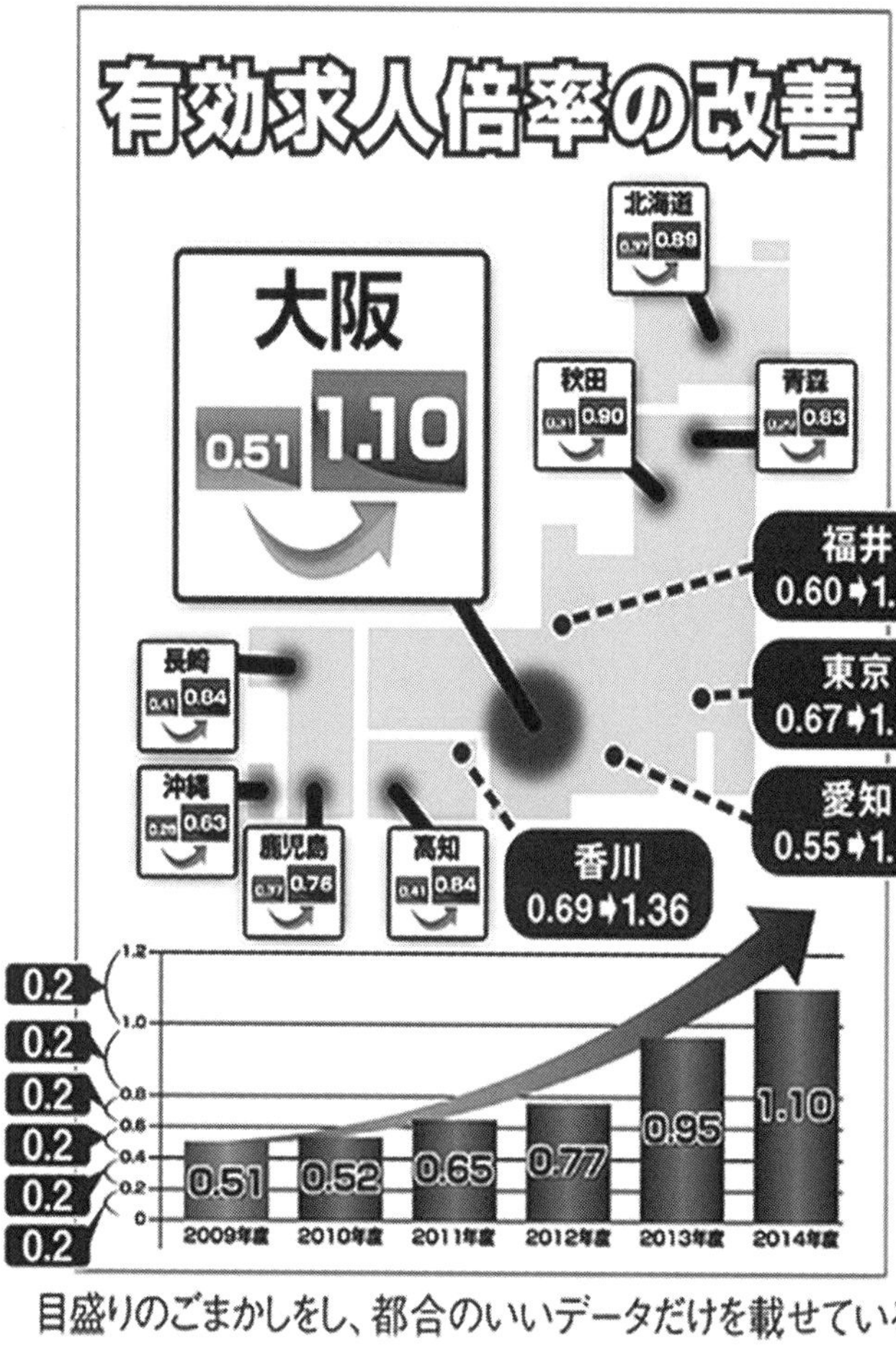

目盛りのごまかしをし、都合のいいデータだけを載せている。

参考：「地価上昇率 有効求人倍率の改善」（大阪維新の会 HP より）
適菜収「これぞ戦後最大の詐欺である」（『新潮 45』2015 年 5 月号）

ら説明したことがあるのですが、このグラフの目盛りの幅には細工が施されていました。
また、東京や愛知、福井など有効求人倍率が高い地域は削除し、数値が低い地域だけを比較対象にすることで、大阪の有効求人倍率が突出しているように見せかけていました。大阪市民を騙すという明確な悪意がなければこうはなりません。

還暦を過ぎても箸さえ持てない

山崎　安倍は言葉の言い換えやごまかしと同時に、言い間違えもたくさんしています。適菜さんも『安倍でもわかる政治思想入門』に書いていますけど、安倍は国会で自分のことを「立法府の長」と言っていました。

議会についてはですね、私は立法府、立法府の長であります。国会は国権の最高機関としてその誇りを持って、いわば立法府とは、行政府とは別の権威として、どのように審議をしていくかということについては、各党各会派において議論をしているわけでございます。

（2016年5月16日「衆議院予算委員会」）

適菜　行政府の長が「自分は立法府の長だ」などと言えば、普通なら内閣が吹っ飛びますよ。だけど、安倍は自分の発言の何が問題なのかさえ理解していないようです。

　安倍はこの発言を追及されると、「もしかしたら言い間違えていたかもしれない。基本的には行政府の長とお答えしている」などと言い訳していました。しかし、「基本的」ではないケースなんてあるんですかね？　そのうち「自分は司法府の長だ」と言い出すかもしれません。

　その後、安倍の発言は議事録で「行政府の長」に修正されました。むちゃくちゃです。議事録を変えてしまえば、検証もできなくなりますからね。

山崎「俺は総理大臣なんだから、俺の言っていることは全て正しい」みたいな話ですね。

適菜　実際そう言っていましたからね。私は総理大臣なんだから、と。王様にでもなったつもりなんでしょう。

　何をもって間違っていると言っておられるのか私はわかりませんが、我々が提出する法律についての説明は全く正しいと思いますよ、私は総理大臣なんですから。

（2015年5月20日「国家基本政策委員会合同審査会」）

山崎　参院本会議の答弁で、「訂正云々《うんぬん》」と読むべきところを「訂正でんでん」と読み間違えたことも話題になりました。

ただ批判に明け暮れたり、言論の府である国会の中でプラカードを掲げても何も生まれませんと申し上げましたが、これはあくまで一般論であって、民進党の皆さんだとは一言も申し上げていないわけであります。自らに思い当たる節がなければ、これはただ聞いていただければいいんだろうと、このように思うわけでありまして、訂正でんでんという御指摘は全く当たりません。

（2017年1月24日「参議院本会議」）

適菜　あれは単なる読み間違いではありません。書かれた内容を理解しながら言葉を発していたなら、「訂正でんでん」なんて読みようがないですからね。「でんでん」って何だということになりますから。要するに用意されたペーパーを何も考えずにただ読んでいただけということです。

あの言葉は野党を批判する文脈の中で飛び出したものです。ということは、自分の頭で物を考えていないんですよ。

山崎　普通だったら言い間違いを指摘されると、「しまった」と思い、動揺するもんじゃないですか。ところが、安倍には全くそうした様子がありません。蛙の面に小便じゃないけれども、厚顔無恥というか。

適菜　要するに、日本語に対する愛がない。安倍が総理を続けているのも厚顔無恥だからですよ。普通の人間だったら自分は政治家に向いていないと自覚できる。

山崎　言葉もきちんと使えず、何か批判されると言い訳を並べて開き直る。まるで子供のようです。

適菜　要するに、幼児なんですよ。幼稚園児です。実際、安倍は箸もまともに持てません。

２０１３年に「和食・日本の食文化」がユネスコの無形文化遺産に登録されたとき、首相官邸が動画を作り、世界に発信しました。安倍がひとしきり和食の魅力を語ったあと、日本食を食べるという動画です。

この動画を見ると、安倍はご飯茶碗を左手だけで持ち上げ、箸を右手でつまんで宙でくるりと回し、ご飯を口に入れ、さらに口からはみ出した米粒を箸で押し込んでいるんです。わずか４秒の間に４つ以上のマナー違反を犯している。

これは日本文化を宣伝する映像ですよ。その映像の中で総理大臣が日本文化を踏みにじるような行為をし、周りにいる人間もそれを止めようとしない。異常だと言わざるを得ま

（内閣広報室の動画より）

せん。

山崎　箸の持ち方は日常生活の中で身につけるものですよね。だから、箸を正しく持てないということは、日常生活を軽視しているということです。日常生活を無視して高尚な理念を掲げるのは、一種のプラトニズムです。それこそニーチェが厳しく批判したものです。

適菜　それに安倍は犬食いでしょう。メンタリティが犬なんですよ。

三島由紀夫も箸の上げ下ろしや杯の持ち方などが大事だと言っています。

もう一つは、生活の細目ということから行動規範を見つけ出すという考えで、私は、「葉隠」の場合、遠近法が非常にはっきりしていると思うのですが。いちばん手もとにある、箸の上げおろしから、盃の持ち方、そういうことからモラルをつめていって、それが美しいか美しくないかということから、こうすべきだ、ああすべきだということになり、最後に死へもっていっているという感じがしまして、いまの人たちの道徳観とぜんぜん逆みたいですね。

（三島由紀夫「『葉隠』の魅力」）

そう考えると、安倍晋三という人間の全てが箸の持ち方にあらわれていると言えます。安倍は60歳を越えているのに、箸の持ち方を注意してもらえるような家族関係、人間関係さえ築くことができなかったということです。

左翼思想に基づく憲法改正

適菜　安倍の幼児性は憲法観にもあらわれています。安倍の憲法理解は「ネトウヨ1年生」レベルのものです。現行憲法はＧＨＱの素人たちがわずかな期間で作ったものだとか、ドイツは戦後59回も憲法改正をしているとか、ネット右翼がよく口にするフレーズを繰り返すだけです。

「憲法を戦後、新しい時代を切り開くために自分たちでつくったというのは幻想だ。昭和21年に連合国軍総司令部（ＧＨＱ）の憲法も国際法も全く素人の人たちが、たった８日間でつくり上げた代物だ」（２０１３年４月27日「産経新聞」）

もちろん私も憲法は改正すべきだと思っています。普通に憲法の条文を読めば、自衛隊は違憲です。とすれば、自衛隊を放棄するか憲法を改正するしかないので、憲法を改正すべきです。

しかし、安倍による改憲は危険です。たとえば、安倍は憲法を改正して一院制にしたいと言っています。これは極左の発想ですよ。左翼は特定のイデオロギーや正義のもと、権力を集中させようとしますからね。

自民党の安倍晋三元首相は８日のＢＳフジの番組で、国会議員の定数削減に関して「有権者は議会も行政も非生産的だと思っている。衆院と参院を一緒にして一院制にすべきだ」と述べ、一院制の実現も検討すべきだとの認識を示した。そのうえで「憲法は改正しないといけないが、そういう大枠について思い切ったことをやっていくということを示す必要がある」との見方を示した。

（2011年2月9日「日経新聞」）

なぜ議会を二つにわける必要があるかというと、民主主義を良識で封じ込めるためです。衆議院は民意を背景に暴走する可能性があるので、だからこそ法案をチェックする参議院が必要なんです。

それから、安倍は首相公選制を唱える維新の会とも改憲でタッグを組もうとしてきた。維新の会のバックにいる橋下徹は、かつて大統領制を唱えていたような人間ですよ。皇室が狙われる可能性もあります。

安倍と維新の会が組んで憲法改正をやったら、日本は第二の北朝鮮になりますよ。これは印象論ではなくて、彼らが唱える一院制、道州制、首相公選制、憲法解釈の手法等、普通に考えてそうなるという話です。

山崎　多数決の原理を押し通していくと、多数を占めた人間は何をやってもいいということになってくる。そうすると権力は間違いなく暴走する。だから二院制などの歯止めが必要になってくるわけですね。

適菜　そもそも安倍は、立憲主義とは何かということさえわかっていません。立憲主義は王権時代のものだと言っていますからね。

憲法について、考え方の一つとして、いわば国家権力を縛るものだという考え方はありますが、しかし、それはかつて王権が絶対権力を持っていた時代の主流的な考え方であって、今まさに憲法というのは、日本という国の形、そして理想と未来を語るものではないか、このように思います。

（２０１４年2月3日「衆議院予算委員会」）

憲法学では「固有の意味の憲法」（広義の憲法）と「立憲的意味の憲法」（狭義の憲法）は区別されます。広義の憲法という視点では、憲法は国家権力を縛る機能だけでなく、国家の秩序の根本規範、つまり国の形（国柄）を表現する規範と捉えられています。

それは伝統による正統性を持った規範であり、理想や未来について語るものではありません。安倍が妄想を膨らませて「理想の国家」を語ったものが憲法になるなら、それこそ王権時代への逆戻りです。

憲法改正さえすれば良い国になるのか

山崎　最近新たに言い出したのが、高等教育を無償化するために憲法を改正する必要があるという話ですね。でも、教育無償化と憲法改正がなぜ結びつくのか、いまいちはっきりしません。

70年前、憲法が普通教育の無償化を定め、小中学校も9年間の義務教育制度が始まった。我が国が戦後発展していく大きな原動力になった。しかし、70年の時を経て経済も社会も大きく変化した。子どもたちがそれぞれの夢を追いかけるため、高等教育も全ての国民に真に開かれたものとしなければならない。

中学を卒業して社会人になる場合、高校を卒業してなる場合、大学を卒業してなる場合。それぞれの平均賃金には相当の差がある。より高い教育を受ける機会をみんなが同じように持てなければならない。維新の提案を受けて多くの自民党員が刺激された。速やかに自民党改正案を提案できるようにしたい。

（２０１７年5月3日「読売新聞」）

適菜　憲法26条に義務教育は無償にしなければならないという規定はありますが、高等教育を無償化してはならないとは規定されていません。だから憲法を改正しなくても無償化はできるんですよ。

山崎　それから、現行の憲法9条1項、2項を残し、新たに3項を加え、そこに自衛隊の存在を明記するという話もしています。

もちろん、9条の平和主義の理念については、未来に向けてしっかりと、堅持していかなければなりません。そこで、「9条1項、2項を残しつつ、自衛隊を明文で書き込む」という考え方、これは国民的な議論に値するのだろうと思います。

（2017年5月3日「公開憲法フォーラム　安倍総裁あいさつ」）

適菜　むちゃくちゃです。9条2項で戦力の不保持を謳っているのに、なぜ3項で自衛隊の正当性を加えることができるのか。これは改憲派が積み上げてきた議論を全てドブにぶち込むものです。

山崎　憲法を改正さえすればいいと思っているんでしょうね。

適菜　結局のところ、安倍は単なる改革好きなんですよ。とにかく憲法を改正すれば日本が良くなると思っている。でも、これは何の根拠もありません。改憲して悪くなるケースだってあるわけですからね。何を変えるかが重要なのであって、変えてはいけないものは変えてはダメなんです。

山崎　とにかく改正さえすればいいというのは、構造改革と同じ発想です。

適菜　そうです。頭の中が左翼なんですよ。憲法を改正さえすれば良い国になるというのは、９条をなくせば戦争になるとか言っている左翼と同レベルです。

ただ、左翼は憲法を変えないと言っている限り、大きな害はありません。現状維持だから。チンパンジーの落書きレベルの安倍の改憲案に乗るくらいなら、今の憲法のほうがはるかにマシです。

そもそも安倍は国会で、自分は憲法の勉強をしたことがないと言っています。勉強していないいんだったら改憲なんて言うなよという話です。

山崎　小西洋之参議院議員とのやり取りですね。

小西　内閣総理大臣、安倍総理、今述べられました芦部信喜さんという憲法学者、御存じですか。

安倍　私は存じ上げておりません。

小西　では、高橋和之さん、あるいは佐藤幸治さんという憲法学者は御存じですか。総理。

安倍　申し訳ありません、私は余り、憲法学の権威ではございませんので、学生であったこともございませんので、存じ上げておりません。

小西　憲法学を勉強もされない方が憲法改正を唱えるというのは私には信じられないことなんですけれども。

（2013年3月29日「参議院予算委員会」）

適菜　芦部は有名な憲法学者です。憲法学の第一人者とされる宮沢俊義の弟子で、東京大学教授や日本公法学会理事長を務め、1993年には文化功労者に選ばれています。

安倍の発言は、安倍の母校である成蹊大学法学部の学生たちを侮辱するものです。学生たちも安倍と同じレベルだと思われて迷惑していますよ。

義務教育レベルの知識さえない

山崎　安倍は歴史に関する知識も欠如しています。彼はポツダム宣言と原爆投下のどちらが先に行われたのかさえわかっていません。

先の予算委員会では、民主党の仙谷由人さんが総理に質問していました。「日中関係を改善するために靖国参拝をやめるべきだ」というのですが、まさに中国の主張をそのままぶつけているわけで、見ていて非常に見苦しい気がしました。

しかも驚いたことに、その根拠として挙げているのが「ポツダム宣言」なのです。「靖国参拝は、日本が軍国主義化に向かう象徴であり、ポツダム宣言に反する」というのですが、ポツダム宣言というのは、アメリカが原子爆弾を二発も落として日本に大変な惨状を与えたあと、「どうだ」とばかり叩きつけたものです。そんなものをもちだし、あたかも自分自身が戦勝国であるかのような態度で、日本の総理を責めあげる。大変な違和感を覚えました。日本は昭和二十七年の「サンフランシスコ講和条約」によって独立を回復しています。講和条約をもちだすならまだしも、もちろん靖国参拝は条約違反ではありませんが、終戦時のポツダム宣言を例に引くのは、本当におかしな話です。

（2005年7月号『Voice』）

適菜　ポツダム宣言が突きつけられたのは1945年7月26日です。その後、米軍は8月6日に広島に、8月9日には長崎に原子爆弾を投下しました。そして、8月15日、玉音放送により、日本の降伏が国民に公表されました。こんなものは義務教育で習う一般常識です。

山崎　これは安倍のようなエセ保守の特徴でもあるんですが、彼らは自分が興味のある分野の知識はあるけども、それ以外の知識はスカスカなんですよ。ほとんど何も知らないんです。

適菜 そうですね。あの手の連中は従軍慰安婦とか南京事件とか、個別のトピックについては一定の知識はある。だけど、個別のトピックしか頭に入っていないから、全体の流れが全く見えていないんです。

山崎 しかも、彼らは争点をワンポイントに絞ろうとする傾向にあります。たとえば南京事件について言うと、中国が南京事件で30万人殺されたと主張していることを取り上げ、30万人という数字はあり得ないと批判している。

確かに30万人という数字の根拠は不明確ですし、プロパガンダの要素もあると思います。しかし、30万人という数字が嘘だからといって、南京虐殺がなかったということにはなりません。1人でも2人でも一方的に殺された人がいるならば、それはやはり虐殺なんですよ。

ところが、エセ保守とかネット右翼の連中は、30万人という数字が嘘だから、南京事件そのものがなかったかのように主張している。これは彼らの世界では通用するかもしれませんが、国際社会では誰からも相手にされない議論です。

沖縄集団自決もそうです。これは僕も少し論争に加わったのでよくわかるのですが、エセ保守は日本軍が集団自決を命じた書類が残っているかどうかという一点に争点を絞るんです。

だけど、軍命令の書類なんて残っているわけがないんですよ。日本軍は自分たちに都合の悪い書類は作らなかったし、終戦間際に書類を大量に焼き捨てていますからね。ところがエセ保守たちは、軍命令の書類が残っていないからというだけで、集団自決そのものがなかったかのように頭を整理してしまうんです。

適菜　森友学園事件と同じ構造ですね。

河野談話を確定させた総理大臣

山崎　従軍慰安婦問題への対応も本当に酷い。安倍政権は2015年末に日韓合意を結び、韓国に謝罪し、10億円を拠出しました。安倍はこれによって慰安婦問題が「最終的かつ不可逆的に」解決されたと言っていましたが、しかし歴史問題が最終的に解決することなどあるのか。

（1）慰安婦問題は、当時の軍の関与の下に、多数の女性の名誉と尊厳を深く傷つけた問題であり、かかる観点から、日本政府は責任を痛感している。

安倍内閣総理大臣は、日本国の内閣総理大臣として改めて、慰安婦として数多の苦痛を経験され、心身にわたり癒しがたい傷を負われた全ての方々に対し、心からおわびと反省の気持ちを表明する。

（2）日本政府は、これまでも本問題に真摯に取り組んできたところ、その経験に立って、今般、日本政府の予算により、全ての元慰安婦の方々の心の傷を癒やす措置を講じる。具体的には、韓国政府が、元慰安婦の方々の支援を目的とした財団を設立し、これに日本政府の予算で資金を一括で拠出し、日韓両政府が協力し、全ての元慰安婦の方々の名誉と尊厳の回復、心の傷の癒やしのための事業を行うこととする。

（3）日本政府は上記を表明するとともに、上記（2）の措置を着実に実施するとの前提で、今回の発表により、この問題が最終的かつ不可逆的に解決されることを確認する。

あわせて、日本政府は、韓国政府と共に、今後、国連等国際社会において、本問題について互いに非難・批判することは控える。

（2015年12月28日「日韓両外相共同記者発表」）

適菜　あれは二重三重におかしい話です。少し経緯を振り返ると、1991年に日本政府は慰安婦問題について調査を始めましたが、慰安婦の強制連行を示す資料は一つも見つかりませんでした。それにもかかわらず、当時の官房長官である河野洋平は、慰安婦連行に強制性があったとする河野談話を発表したのです。

その後、談話作成に関わった石原信雄元官房副長官の証言によって、日本政府が元慰安婦16人からの聞き取り調査だけで強制連行を認めたことが明らかになりました。聞き取り調査の結果は在日韓国大使館に渡され、韓国側から約10カ所を修正するように要求があり、日本政府はそれを受け入れたわけです。

また、当時の政府関係者らの証言によれば、日韓両政府は談話の内容や字句、表現に至るまで発表の直前まで綿密にすり合わせを行っていました。河野洋平は「この問題は韓国とすり合わせるような性格のものではありません」と言っていましたが、大嘘だったということです。要するに、自民党と韓国政府は裏で談合して、日韓両国民を騙したということです。

山崎　手打ちみたいな形ですね。

適菜　ところが、安倍は河野談話がデタラメであることを知りながら、2015年に訪米した際には当時のオバマ大統領の前で「河野談話は継承し、見直す考えはありません」と述べたのです。

慰安婦については人身売買の犠牲となって筆舌に尽くしがたい辛い思いをされた方々のことを思い、非常に心が痛みます。この点については私は歴代の総理と変わりはありません。河野談話は継承し、見直す考えはありません。

このような観点から、日本は慰安婦の方々の現実的救済の観点から、様々な努力を行ってきました。20世紀には一度紛争が起こると、女性の名誉と尊厳が深く傷つけられた歴史がありました。21世紀こそ女性に対する人権侵害のない世紀にしていかなければならないと考えます。

（2015年4月28日「日米共同記者会見」）

その後、安倍は70年談話を発表し、河野談話を引き継ぐことを日本政府として確定させた。安倍は河野談話をさんざん批判していたけども、河野談話を確定させたのは安倍ですよ。それこそ戦後レジームの固定化じゃないですか。

もちろん私は「軍による強制連行はなかった」などとネトウヨみたいなことを言いたいのではありません。調査した範囲では記録に残っていないだけで、強制連行はあったかもしれない。なかったことは証明できないのだから、なかったと言い切るのもおかしいんです。

だからこそ、この問題は歴史家たちがきちんと検証しなければならないんですよ。政治運動にして騒ぐような話ではありません。強制連行があったと言っている人たちの根拠をしっかりと調べ、事実を明らかにしていく必要があります。

それなのに、日韓合意によって「最終的かつ不可逆的に」解決されたということになれば、検証すら問題視される可能性があります。これは政治の越権です。政治が不可逆的に歴史を固定化させていいわけがありません。

山崎　安倍は70年談話では、私たちの子や孫に謝罪を続ける宿命を背負わせてはならないとも言っていました。

日本では、戦後生まれの世代が、今や、人口の八割を超えています。あの戦争には何ら関わりのない、私たちの子や孫、そしてその先の世代の子どもたちに、謝罪を続ける宿命を背負わせてはなりません。

（2015年8月14日「内閣総理大臣談話」）

しかし、謝罪しようがしまいが、日本に生まれてくる子供たちは過去の歴史を背負っています。「真っ白な日本人」なんて存在しません。安倍がどのような政策を行おうが、日本人は過去の歴史から逃れることはできないんです。

適菜　要するに、右も左も慰安婦問題の本質をわかっていないということです。

破綻した外交政策

山崎　安倍政権は村山談話や河野談話を強く批判し、これを撤回させようとしてきました。それに対して、国際社会からは強い非難の声があがった。そのため、安倍は村山談話や河野談話よりも踏み込んだ70年談話を発表し、さらに日韓慰安婦合意も締結した。そうしなければアメリカをはじめ国際社会に顔向けできないような状況になってしまった。

それなら、最初から河野談話と村山談話を踏襲すると言っていたほうがよっぽどマシだったと思いますよ。安倍政権が騒ぎ出した結果、国際社会の日本に対する心象が悪くなったのだから、安倍のやったことは単なる藪蛇です。

ＴＰＰだってそうでしょう。安倍はアメリカのトランプが大統領選挙中からＴＰＰ離脱を主張していたのに、トランプにぜひＴＰＰに入ってくれと働きかけていた。完全に藪蛇です。現に、トランプは大統領になると、ＴＰＰ離脱を正式に表明した。安倍の下心は完全に断ち切られたわけです。

適菜　それで新たに出てきたのが日米の二国間交渉です。安倍政権はこの二国間交渉を進めようとしている。これもおかしな話です。

もともとＴＰＰ賛成派は、ＴＰＰのような多国間交渉のほうが二国間交渉よりも交渉の余地があるということで進めようとしていたわけでしょう。そうであれば、ＴＰＰがダメだという話になったからといって、二国間交渉を進めようということにはならないはずです。

山崎　安倍は自分の戦略が破綻したという自覚がないのかもしれませんね。ＴＰＰについてさんざん議論していたのに、アメリカがやらないと言った途端にコロッと態度を変え、二国間交渉を進めようとしているわけですからね。それだけでなく、中国の一帯一路構想やＡＩＩＢにも関わっていこうとしているように見えます。あれだけ中国主導を批判していたはずなのに。

適菜　ほとんどコントです。安保法制だってそうでしょう。２０１４年に安保法制について記者会見したときに、安倍は日本が再び戦争する国になることはないと言ったんです。

こうした検討については、日本が再び戦争をする国になるといった誤解があります。しかし、そんなことは断じてあり得ない。日本国憲法が掲げる平和主義は、これからも守り抜いていきます。このことは明確に申し上げておきたいと思います。むしろ、あらゆる事態に対処できるからこそ、そして、対処できる法整備によってこそ抑止力が高まり、紛争が回避され、我が国が戦争に巻き込まれることがなくなると考えます。

（2014年5月15日「安倍内閣総理大臣記者会見」）

それでは何のために法案を通す必要があるのか。もちろん戦争をするためです。そもそも平和主義を守り抜くことと、戦争をするかどうかは関係がありません。

実際その直後、安保法制懇のメンバーで安倍の外交政策ブレーンでもあった岡崎久彦が、集団的自衛権の行使容認により「自衛隊は戦争する軍隊になりますよ」と発言しています。「お友達」に見事にはしごを外されたわけです。

山崎　安倍は第一次政権のときの失敗を学び、強力な外交戦略をとっていると言われています。自分たちでも「地球儀を俯瞰する外交」などと言っている。でも、実態が全く伴っていません。

適菜　対米、対中国、対韓国、対北朝鮮、対ロシア……。安倍外交は全て失敗しているのに、なぜか「外交の安倍」と言われている。どういう思考回路になっているのかわかりません。

共産党のほうが保守的

適菜　安倍を批判していると、よく安倍信者みたいな奴らから「安倍さんの代わりに誰がいるんだ」とか「批判するなら代案を出せ」とか言われるんですが、チンパンジーがトラックを運転していたら、普通は止めるでしょう。安倍のやっていることはそれと同レベルです。

山崎　そもそも「これが解決策だ。だからこれに向かって進め」と言うなら、共産主義社会の実現を目指して盲目的に突き進んでいった共産主義者たちと一緒になってしまいますからね。

適菜　私は安倍を辞めさせて何かを実現しろと言っているのではない。何も変えるなと言っているんです。今日本に必要なのは「何も決まらない政治」なんですよ。

そのためには、共産党も含めて野党共闘を実現する必要があります。現在の政治状況を見ると、一番保守的な政党は共産党です。

共産党はＴＰＰや消費税増税、移民政策などに反対しています。北方領土の主権の問題についても、かなり保守的な立場をとっている。自民党が急速にグローバリズムに舵を切ったので、相対的に共産党が保守的に見えるようになったのでしょう。

山崎 共産党は戦後憲法を作ったときにも、自衛権を放棄することに強く抵抗しましたからね。

適菜 ただ、やはり共産党が信用できないことも事実です。だからいくつか条件があると思います。

第一に、マルクス主義を正式に放棄すること。第二に、天皇陛下に対するこれまでの不敬な態度を反省すること。第三に、共産党という名前は聞こえが悪いから「保守党」に変えること。そこにまっとうな保守勢力が結集すれば、自民党にも対抗できるようになると思います。

山崎 それは面白いアイディアですね。共産党は他の政党と比べると、思想的一貫性があります。彼らはもともと理論的ですし、政治情勢と関係なく「国家とは何か」、「権力とは何か」ということを愚直に考えている。そういう政党や政治家には尊敬できるところがあると思います。

適菜 今国を亡ぼそうとしているのは安倍だから、それを阻止するためには共産党とも組むしかない。そういう判断です。

山崎　政治的な問題に関してはそういう動きが必要ですね。自民党が絶対的に正しいとか、共産党が絶対的に間違っているということはない。絶対的に正しいものなんてのはインチキです。安倍政権の暴走を食い止めるために共産党に頑張ってもらうしかないという状況が生まれれば、共産党につくことも政治判断としては十分にあり得ることだと思います。

適菜　もともと保守はそういう存在です。自由主義が暴走した時代には社会民主主義的なものについたこともありました。政治のバランスを回復するためにも、共産党を含めた野党連合を作るべきです。

第三章　永遠に騙され続ける人々

近代的諸価値の盲信

山崎　安倍晋三という政治家は知的にも人間的にも多くの問題があります。自民党議員たちもそのことはわかっていると思います。安倍が自民党内に盤石な政治基盤を築けなかったのはそのためでしょう。だから、本来なら安倍は総理大臣にはなれなかったはずなんです。

それにもかかわらず、なぜ彼は首相になることができたのか。それは一つには国民からの人気が高かったからです。民主党が政権交代を実現したときに吹いた風と同じようなものが、安倍一強を支えてきたのだと思います。

これは適菜さんが一貫して追及してきた問題ですね。適菜さんはこの問題を「B層」という言葉を使って解き明かしています。改めてB層とは何かということを説明してもらえますか。

適菜　B層という言葉は私の造語ではありません。2005年9月に行われたいわゆる郵政選挙の際、内閣府が「スリード」という広告会社に作成させた企画書「郵政民営化・合意形成コミュニケーション戦略（案）」に出てくる概念です。

この企画書では、国民をA層、B層、C層、D層に分類し、B層を「構造改革に肯定的

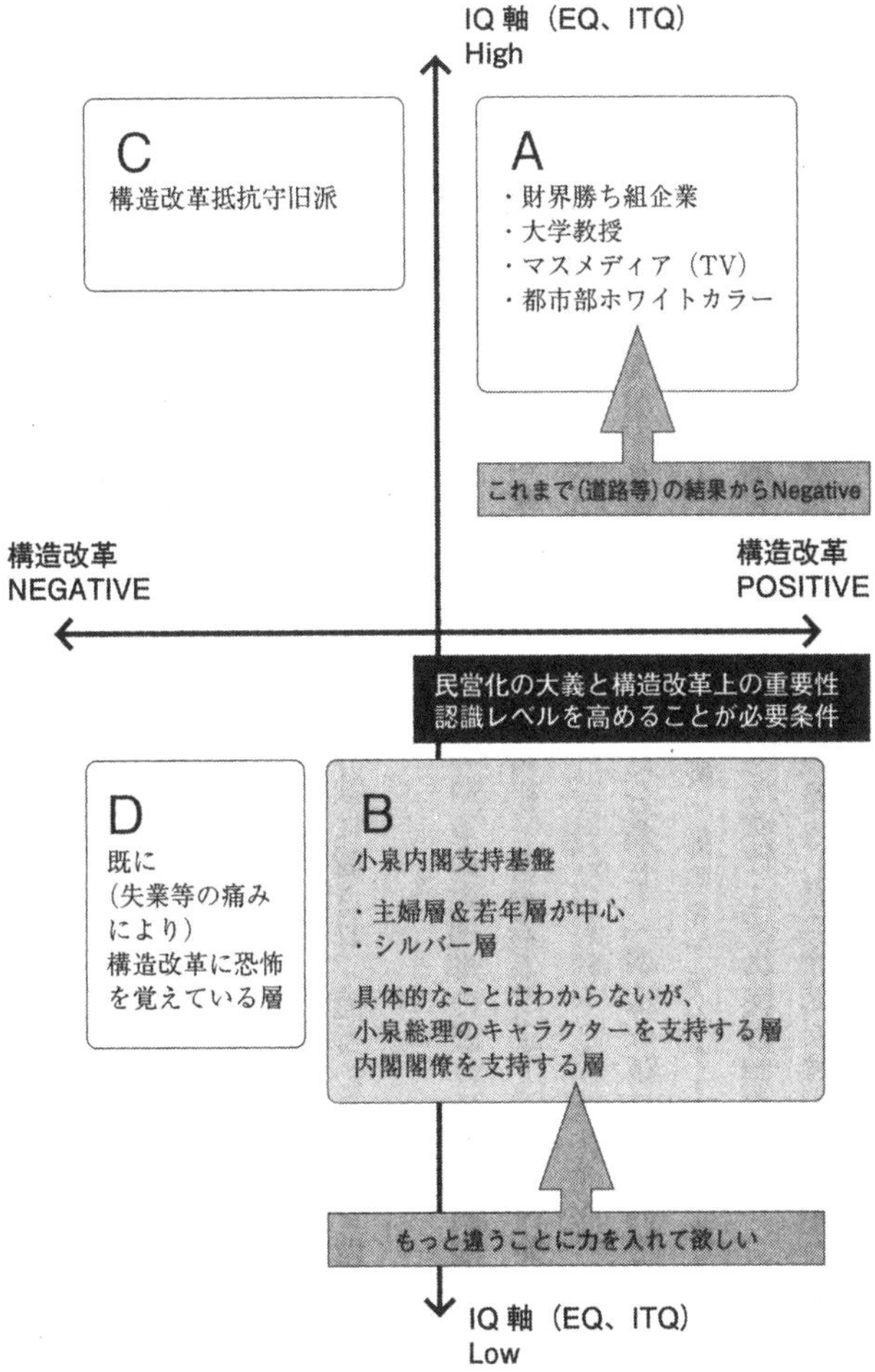
IQ 軸（EQ、ITQ）
High
C
構造改革抵抗守旧派
A
・財界勝ち組企業
・大学教授
・マスメディア（TV）
・都市部ホワイトカラー
これまで（道路等）の結果からNegative
構造改革
NEGATIVE
構造改革
POSITIVE
民営化の大義と構造改革上の重要性
認識レベルを高めることが必要条件
D
既に
（失業等の痛み
により）
構造改革に恐怖
を覚えている層
B
小泉内閣支持基盤
・主婦層＆若年層が中心
・シルバー層
具体的なことはわからないが、
小泉総理のキャラクターを支持する層
内閣閣僚を支持する層
もっと違うことに力を入れて欲しい
IQ 軸（EQ、ITQ）
Low

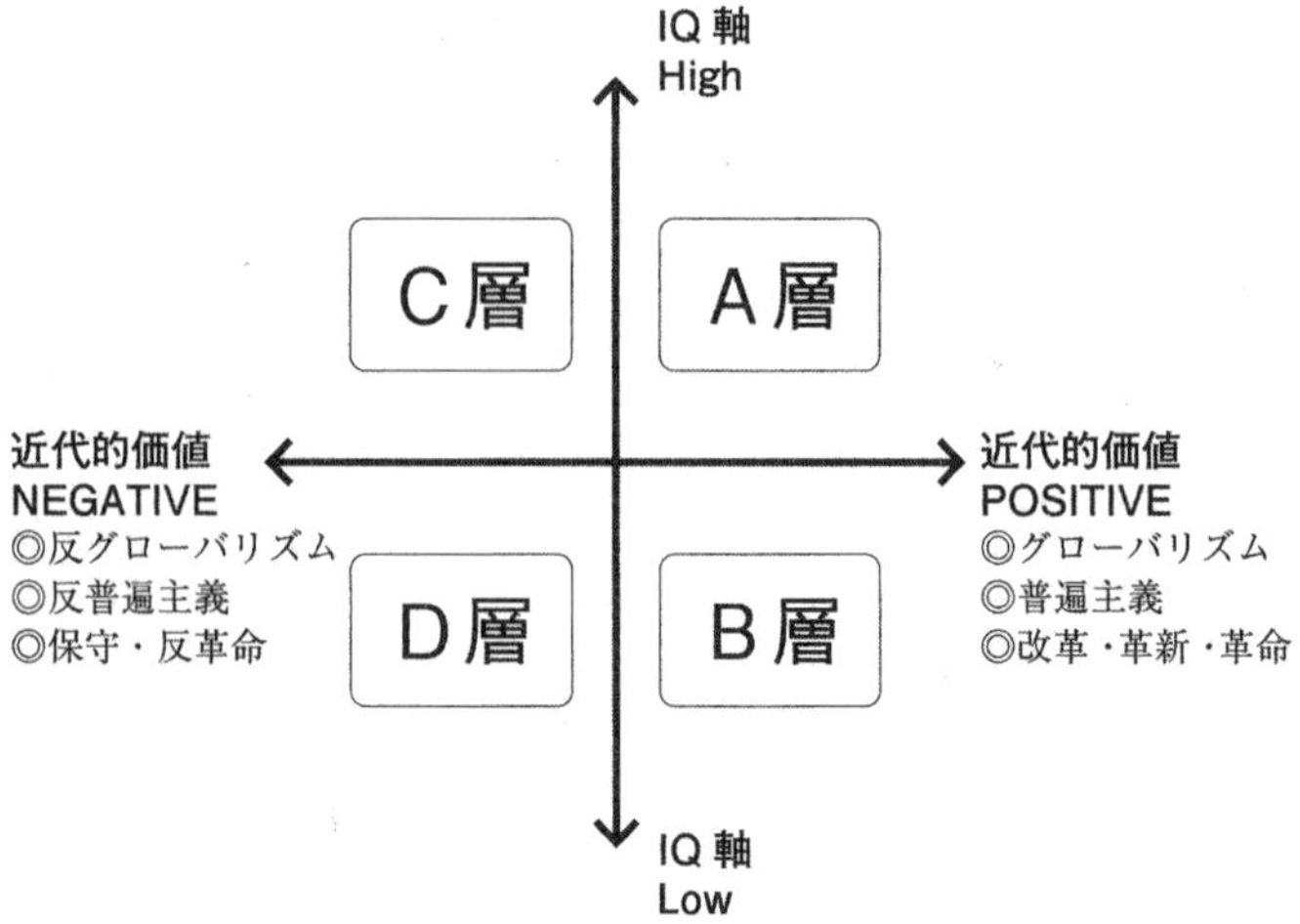

でかつＩＱが低い層」、「具体的なことはよくわからないが小泉純一郎のキャラクターを支持する層」、「主婦や老人、低学歴の若者」と規定しています。要するに、Ｂ層とはマスコミ報道に流されやすい比較的ＩＱの低い人たちということです。

この企画書の存在が明らかになると、「国民を愚弄しているのではないか」という批判の声があがりました。しかし、これは近代の社会構造を考える上でも参考になります。

グラフの縦軸は説明するまでもありませんが、横軸の構造改革に対する姿勢は、「日本固有のシステムを国際水準に合わせることに対する是非」、「グローバリズムに対する姿勢」と捉えることもできますし、さらに深読みすれば「近代的諸価値を肯定するのか留保するのか」と読み替えることもできます。そこから考えると、B層とは民主主義や平等といった近代的諸価値を盲信する人たちということになります。

だから、B層は「改革」や「変革」、「革命」といった言葉が大好きなんですよ。「改革」というキーワードさえついていれば、何を改革するかに関係なく、誘導されてしまう。テレビや新聞、政治家や大学教授が「改革」と言えば、その言葉に踊らされてしまうわけです。

これはスペインの哲学者・オルテガが言うところの「大衆」と一緒です。大衆は経済的階層や身分階層とは関係ありません。人間の質の問題です。

> 大衆とは、善い意味でも悪い意味でも、自分自身に特殊な価値を認めようとはせず、自分は「すべての人」と同じであると感じ、そのことに苦痛を覚えるどころか、他の人々と同一であると感ずることに喜びを見出しているすべての人のことである。（中略）
> したがって、社会を大衆と優れた少数者に分けるのは、社会階級による分類ではなく、人間の種類による分類なのであり、上層階級と下層階級という階級的序列とは一致しえないのである。
>
> （オルテガ『大衆の反逆』）

小泉はこうした人々に向けて、「改革なくして成長なし」、「聖域なき構造改革」といったワンフレーズ・ポリティクスをぶつけました。そして、「郵政民営化に賛成か反対か」、「改革か抵抗勢力か」というように問題を極度に単純化し、支持を集めたわけです。

安倍支持者と民主党支持者は同レベル

適菜 民主党の政権交代を支持したのも、同じB層です。民主党は「政権交代か否か」、「民主党の改革か自民党の古い体質か」という単純な対立構造を作り出し、マスメディアを最大限に利用しながら選挙を戦いました。そして官僚を悪玉に仕立てあげ、ひたすら叩いた。B層はそうした民主党を歓迎し、民主党を大勝させました。

ところが、民主党のマニフェストの多くが嘘だったことが明らかになると、民主党を支持したB層は「民主党に期待していたのに騙された」と非難するようになりました。でも、民主党のマニフェストがいい加減であることは、選挙前からわかっていたことです。当時、メディアでもマニフェストの矛盾を指摘しているところはありましたし、情報も十分にありました。

それなのに、B層は自分たちの責任は絶対に認めようとしない。彼らは永遠に騙され続けるんです。

山崎　同じことは安倍政権を支持してきた連中にも言えますね。安倍政権の支持者の中にはネット右翼がたくさんいるため、一般には民主党支持者と安倍政権支持者は違うと見られがちですが、質から言えば同レベルです。

適菜　ネトウヨはほとんどB層です。ネトウヨは民主党政権がいかに酷かったかということを強調していますが、先ほども述べたように、安倍政権は民主党政権がやってきた一番危険なことをそのまま引き継いでいるだけです。

安倍信者の擁護の仕方を見ていると、テンプレートがあることがわかります。安倍政権が批判されたらこう言い返すというパターンができているんですよ。「対案を示せ」とか「安倍さんの他に誰がいるのか」とか「朝日新聞や毎日新聞の言っていることは信用できない」とか。その一方で、産経新聞ならば無条件に信用している。ネトウヨにとっては事実であるかどうかなんて関係ないんですよ。

民進党の蓮舫が安倍批判をしたときにも、「二重国籍で嘘をついた蓮舫に言われたくない」などと言い返していました。しかし、蓮舫が嘘つきという話と安倍が嘘つきという話は何の関係もありません。蓮舫が嘘をついたからといって、安倍も嘘をついていいということにはならない。これは万引きして捕まった子供が「あの子も万引きしていた」と言うのと一緒です。

山崎　ネット右翼は名前こそ右翼がついているけれども、彼らを右翼と考えるのは間違いですね。

適菜　ネトウヨは右翼ではなくて単なるバカです。もちろん「保守」とも何の関係もありません。

山崎　そうですね。それから、今の安倍政権支持者の中には元左翼もたくさんいるんですよ。僕は団塊の世代なのですが、同世代には学生時代に政治運動に参加していたという人たちがたくさんいます。彼らは最近定年退職になったので、時間ができて暇になっています。

それで、一部の人たちは再び左翼市民運動に参加するようになっているのですが、それ以外の多くは安倍政権支持に流れています。安倍政権は古い体制を変えようとしているように見えるから、かつて左翼運動をしていた人たちにも魅力的に映るのでしょう。安倍政権はエセ保守だけでなく、エセ左翼によっても支えられているんです。

小選挙区制と政治資金規正法の罪

適菜　現在のような政治状況を生み出した大きな原因は、小選挙区比例代表並立制にあると思います。小選挙区制では上位二つの政党の争いになるから、政治家個人の資質よりも党や党首のイメージであったり、福祉政策や減税など国民受けする政策を訴えることが選挙の勝利につながります。そのため、小選挙区制ではどうしてもポピュリズムが蔓延するんです。日本の政治が急激に劣化した理由もここにあります。

山崎　これは小沢一郎の責任でもあるけれども、中選挙区制から小選挙区制になると、自民党の中で競争原理が働かなくなりますよね。僕が小さい頃は中選挙区制だったから、自民党内でも熾烈な競争があって、選挙にリアリティが感じられました。今は全くダメですね。

適菜　当時は自民党内でも議論がありました。中選挙区制だと合意形成や利害調整を必然的にやらざるを得なかったわけです。

かつての自民党には保守的な要素もあったし、少数ながら保守的な政治家もいました。派閥も機能していたので、まっとうな日本人を切り捨てない層の厚さがありました。

しかし、小選挙区制が導入されたことで、そうしたものが全て破壊されてしまった。派閥も完全に機能しなくなった。

今の自民党は完全に都市政党でしょう。土地に根差した人々の声をきちんと国政に汲み上げる努力を放棄し、マーケティング選挙でバカを騙して政権を維持している。支持基盤が変わったのだから、自民党が農協をはじめとする中間共同体に攻撃を仕掛けたり、家族制度の解体を図ろうとするのも当然と言えます。

それから、政治資金規正法の改正も問題です。これによって党中央が政党助成金を仕切るようになり、巨大な権力を握ることになった。党中央に逆らうと選挙の公認をもらえなくなるということで、党内の議論も封殺されてしまった。

これを露骨にやったのが小泉純一郎です。自分に従わない人間を「抵抗勢力」と批判し、刺客と呼ばれる対立候補を送り込みました。

こうしたことが繰り返された結果、自民党はどんどん劣化していきました。自民党という名前は変わっていませんが、昔とは全く違う政党だという認識を持つ必要があります。

山崎　確かに田中角栄が活躍した頃の自民党には、苦しい生活を送る国民の声もすくい上げなければならないという意識があったと思います。それに対して、いまの安倍政権には国民の声とか国民の生活に対する関心はないですね。だけど、同じ自民党という名前だから、自民党の変化に気づかないんでしょうね。

適菜　ある老舗のラーメン屋があるんですが、私が子供の頃はおいしくてよく行っていたんです。ところが、最近行くとまずくて食えたもんじゃなかった。代が変わって味が落ちたんです。

だけど、ラーメン屋の名前は昔のままだから、「あそこはうまいよね」といって通う奴がいるんですよ。内容は全く違うのに、名前に騙されている。自民党支持者もそれと同じです。

「小池ブーム」とは何だったのか

山崎　最近B層の暴走が顕著だったのが、東京都知事の小池百合子をめぐって巻き起こった「小池ブーム」です。小池が作った「希望の党」は衆議院選挙で惨敗したため、彼女が再び政治的に浮上することはないかもしれませんが、小池ブームのような現象はまた起きるでしょうから、ここで一度振り返っておきましょう。

２０１７年に行われた東京都議選では、小池は「都議会のドン」と呼ばれた内田茂を悪玉に仕立てあげ、うまく対立構造を作り出しました。東京都議の選挙制度は小選挙区制ではないけれども、手法は小泉純一郎がやったことと同じです。その結果、小池率いる「都民ファースト」は圧勝し、第一党となりました。他方、都議会自民党は歴史的惨敗を喫し、安倍政権にとっても打撃となりました。

適菜　この選挙では自民党に対する反発票が都民ファーストに流れましたが、都民ファーストはふわっとした空気に乗った都市政党の典型です。危うさという点では自民党とそれほど変わりません。

山崎　都民ファーストの議員たちは実際には反自民党ではありませんよね。彼らはおそらく自民党から出馬して当選できるなら、自民党から立候補したはずです。だけど、この選挙では都民ファーストに風が吹いていたから、都民ファーストから出たという程度のことでしょう。

適菜　そうですね。彼らは小池の名前を使って票をとっただけで、自民党や民主党から出馬しても当選する力のないような連中ばかりです。

山崎　小池は政治情勢を見るのがうまいと言われていましたが、確かにそういう面はあると思います。衆議院選では敗れましたが、都知事選や都議会選では他の候補者や政党を圧倒したわけですからね。

しかし逆に言うと、小池にあるのはそれだけです。彼女には政治情勢を見る目しかないんです。

適菜　小池は「政界渡り鳥」と呼ばれています。最初は細川護熙のところにいて、それから小沢一郎や小泉純一郎に取り入りながらのし上がっていきました。しかし、政策的に確固たる信念があるわけではなく、単に空気しか見ていない。彼女は権力にしか興味がないんですよ。

山崎　小池百合子の後ろにはブレーンと称する怪しい連中がいっぱいついていますよね。これも問題です。

適菜　本当にいかがわしい連中です。この四半世紀にわたって日本を傾けてきた連中がみんな集まっているという印象です。

たとえば、慶應義塾大学教授で経営コンサルタントの上山信一は、大阪維新の会のバックで動いていた人物で、大阪の市営地下鉄を民間会社に売り飛ばそうとしたりしていました。

それから、青山学院大学教授の小島敏郎は小池百合子が小泉政権で環境大臣を務めていたときもブレーンをしていました。小島は名古屋市長の河村たかしの高校の同級生で、1980年代に名古屋の「藤前干潟問題」にも関わっています。要するに、左派系の環境活動家です。市場移転問題を小池に吹き込んだのも小島だと言われています。

山崎　経営コンサルタントとは、いかに顧客の要望に答えるかではなく、いかに顧客を騙すかということに長けた連中です。そんな人間をブレーンにするということは、商売人の発想で政治を行っているということです。

小池ブームが都政レベルで終わったのは不幸中の幸いだったと思います。もし小池が衆院選に勝利して総理大臣にでもなっていれば、取り返しのつかないことになっていたでしょうね。

全体主義と反知性主義

山崎　B層は最近流行りの言葉で言えば「反知性主義」と言ってもいいと思います。反知性主義には肯定的な意味合いもありますけども、簡単に言えば知性を嫌悪するということです。

戦後民主主義が大きな力を持っていた頃は、メディアは丸山眞男など学者の議論をありがたがっていたけれども、大衆は学者の議論を「上から目線だ」と嫌悪していました。それで、吉本隆明などが丸山たちを批判すると、「もっとやってしまえ」と歓迎されたわけです。

安倍政権を支持するB層たちも同じような態度をとっています。安倍が「訂正云々」を「訂正でんでん」と言い間違えても、むしろ「安倍さんも自分たちと同じような言い間違えをするんだ」ということで親しみを感じ、余計に支持するようになる。

これは日本に限った話ではありません。アメリカのブッシュ・ジュニアも英語の言い間違えばかりしていたけれども、それによってブルーカラーが親近感を抱いたという話があります。だから、いくらB層に対して筋道だった議論をしても、ほとんど通用しないんですよ。

しかし、だからといってB層をこのまま放置しているわけにもいかない。歴史を振り返ると、B層は全体主義と結びつき、世界を混乱に陥れました。適菜さんもたびたび指摘しているけども、ドイツの哲学者であるハンナ・アーレントがこの問題を取り扱っていますね。

適菜　アーレントは、大衆は理念や抽象概念を好むと言っています。一般には頭のいい人間のほうが抽象的に物事を考えると思われがちですが、実は大衆のほうが抽象概念が大好きなんですよ。だから、政治家が現実から乖離したイデオロギーを掲げれば、それに引っ張られてしまうわけです。

大衆は目に見える世界の現実を信ぜず、自分たちのコントロールの可能な経験を頼りとせず、自分の五感を信用していない。それゆえに彼らには或る種の想像力が発達していて、いかにも宇宙的な意味と首尾一貫性を持つように見えるものならなんにでも動かされる。事実というものは大衆を説得する力を失ってしまったから、偽りの事実ですら彼らには何の印象も与えない。

（アーレント『全体主義の起原』）

山崎　それからアーレントは複雑で難しい問題から逃げることが全体主義をもたらすとも言っていますね。大衆は答えの出ない中途半端な状態に耐えられないから、単純明快でわかりやすい答えを提示されるとそれに飛びついてしまう。複雑な状況を二項対立のように整理して示されると、それが虚構だったとしても、その世界に居心地の良さを感じてしまうんです。

この虚構の世界は現実そのものよりはるかによく人間的心情の要求に適っていて、ここではじめて根無し草の大衆は人間の構想力の助けによって世界に適応することが可能となり、現実の生活が人間とその期待に与えるあの絶え間ない衝撃を免れるようになる。（同前）

自分で自分の首を絞めるバカ

適菜　ここ最近の日本の政治を見ると、善玉が悪玉の巣窟に乗り込んでいき、悪玉を引きずり出して成敗する。それに大衆が喝采を送る――。こういう構造になっています。小泉政権は郵政民営化に反対する人たちを抵抗勢力と呼び、民主党政権は官僚を悪玉にした。維新の会や小池百合子がやってきたことも全部同じですが、善玉・悪玉二元論で思考停止してしまっている大衆には受けるんですよ。

山崎　大衆はチャンバラ映画が大好きですからね。

適菜　だから政治家たちはますますそうした大衆の動員を狙った政治をするようになるわけです。バカを相手に政治をしたほうが楽ですからね。

山崎　経済政策がまさにそうですね。安倍政権は新自由主義的な政策を進めてきましたが、これは一般国民の生活を犠牲にして、大企業を儲けさせるためです。安倍政権はこうした政策を自覚的にやっていると思います。

ところが、バカな連中ほどアベノミクスによって自分たちの生活が良くなると思っている。自分たちの首を絞めるものを支持してしまっている。

これはマルクスが『ルイ・ボナパルトのブリュメール18日』の中で指摘している「代表するもの」と「代表されるもの」の矛盾です。マルクスはこのことをナポレオン三世を取り上げて論じています。

フランスの第二共和制では、政治的実績のないナポレオンの甥を自称する男が、社会的に弱い立場に置かれていた分割地農民から圧倒的な支持を得て大統領に当選し、ついには皇帝ナポレオン三世を名乗るようになりました。

しかし、ナポレオン三世は決して分割地農民の利益を代表していたわけではありません。ただ、彼があたかも分割地農民の生活を豊かにする政策を行うようなフリをしていたから、農民たちはナポレオン三世を自分たちの利益代表であるかのように思い込んでしまったのです。


だから彼らは、自分たちの階級利害を、議会を通してであれ、国民公会を通してであれ、自分自身の名前で主張することができない。彼らは自らを代表することができず、代表されなければならない。彼らの代表者は、同時に彼らの主人として、彼らを支配する権威として現れなければならず、彼らを他の諸階級から保護し、彼らに上から雨と日の光を送り届ける、無制限の統治権力として現れなければならない。

（マルクス『ルイ・ボナパルトのブリュメール18日』）

適菜　オルテガも大衆は自分で自分の首を絞める選択をすると言っていますね。

饑饉《ききん》が原因の暴動では、一般大衆はパンを求めるのが普通だが、なんとそのためにパン屋を破壊するというのが彼らの普通のやり方なのである。この例は、今日の大衆が、彼らをはぐくんでくれる文明に対してとる、いっそう広範で複雑な態度の象徴的な例といえよう。

（オルテガ『大衆の反逆』）

大衆社会を批判してきた先人たちは正しかったということです。

騙されたと思ったときにはもう遅い

適菜　利益代表という話が出ましたが、安倍政権はひたすら農協などの利益団体を攻撃してきました。その結果、利益団体が悪の存在であるかのようなイメージができてしまいました。

しかし、政党の仕事とは本来、様々な利益代表の要望を聞き、それぞれの要望を仕分けし、調整することです。むしろ利益団体が存在するほうが健全なんですよ。

山崎 そうですね。いまや地方でも利益団体の力がどんどん失われ、人々の精神も都市化しています。彼らは農協が潰れれば不利益を被るはずなのに、「岩盤規制」のような抽象的なキャッチフレーズに騙され、進んで農協解体に手を貸している。

もっとも、これは現代に限った話ではないのかもしれません。戦前も、一番犠牲を強いられた地方の農村の次男坊、三男坊が、喜んで戦争に行きましたからね。彼らもあとで騙されたことに気づいたのでしょうが、騙されたと思ったときにはもう遅い。騙された人間にだって責任はあるんです。

適菜 世の中はきっとそういうものなのだと思います。本当においしい料理を出すお店より、マクドナルドのほうが繁盛するわけですから。大衆とはもともとそういうものなんですよ。

だからこそ、大衆の意見がそのまま政治に反映されないように、三権分立なり議会主義なりを作ってきたわけです。ところが、こうした仕組みを解体してしまったため、B層が大きな力を持つようになってしまったということです。

第四章　御用メディアの正体

産経新聞に報道機関を名乗る資格はない

山崎　第三章で取り上げた「郵政民営化・合意形成コミュニケーション戦略（案）」という企画書には、「B層」という概念とともに「A層」という概念も出てきます。この企画書に従うと、A層とは「構造改革に肯定的でかつIQが高い層」のことであり、具体的には財界勝ち組企業や大学教授、マスメディアなどのことを指します。

しかし、A層が肯定できるような存在かと言えば、そうではない。彼らもまたB層と同じように安倍政権を支持してきました。安倍の周りでうろちょろしている言論人はまさにそうですね。その意味で、B層だけでなくA層の問題点も指摘しなければならないと思います。

適菜　その通りです。この企画書ではA層とB層をIQによって分類していますが、構造改革に肯定的だという点では共通しています。これは近代的諸価値に肯定的と言い換えることができます。つまり、A層もまたB層と同じように自由などの近代的諸価値を盲信しているということです。

山崎　僕がA層の代表格だと思っているのが産経新聞です。産経新聞のIQが高いかどうかはひとまず置くとして、彼らは新自由主義的政策を進める安倍政権をひたすら支持してきました。

しかし、安倍政権を支持するようになってから、産経新聞の質は極端に劣化してしまったように思います。最近の報道は本当に酷いですからね。

たとえば、産経新聞は２０１７年12月に沖縄の米海兵隊曹長が人身事故にあったことを取り上げ、この曹長は日本人を救出しようとして事故にあったにもかかわらず、琉球新報と沖縄タイムスの二紙がこのことを報道していないとして、「これからも無視を続けるようなら、メディア、報道機関を名乗る資格はない。日本人として恥だ」と厳しく批判しました。

ところが、沖縄二紙が米軍と沖縄県警に確認したところ、両者ともそのような事実は確認できていないと答えたそうです。つまり、産経新聞はろくに取材もせずに捏造記事を書いたということです。

実際、産経新聞はその後、記事を訂正し、謝罪文を掲載しています。果たして報道機関を名乗る資格がないのはどちらかということです。

昨年12月12日付朝刊3面「日本人救った米兵　沖縄2紙は黙殺」の記事中にある「日本人を救出した」は確認できませんでした。現在、米海兵隊は「目撃者によると、事故に巻

おわびと削除

沖縄米兵の救出報道

昨年12月12日付朝刊3面「日本人救った米兵　沖縄2紙は黙殺」の記事中にある「日本人を救出した」は確認できませんでした。現在、米海兵隊は「目撃者によると、事故に巻き込まれた人のために何ができるか確認しようとして車にはねられた。実際に救出活動を行ったかは確認できなかった」と説明しています。

同記事は取材が不十分であり、12月9日にインターネットで配信した産経ニュース「危険顧みず日本人救出し意識不明の米海兵隊員　元米軍属判決の陰で勇敢な行動スルー」とともに削除します。記事中、琉球新報、沖縄タイムスの報道姿勢に対する批判に行き過ぎた表現がありました。両社と読者の皆さまにおわびします。

＝3面に検証

乾正人・産経新聞社執行役員東京編集局長　昨年12月1日に沖縄県沖縄市で発生した車6台の多重事故をめぐる本紙とインターネットサイト「産経ニュース」の報道を検証した結果、米

があったにもかかわらず、社内で十分なチェックを受けずに産経ニュースに配信、掲載されました。

こうした事態を真摯《しんし》に受け止め、再発防止のため記者教育をさらに徹底すると

（2018年2月8日付産経新聞より）

き込まれた人のために何ができるか確認しようとして車にはねられた。実際に救出活動を行ったかは確認できなかった」と説明しています。

同記事は取材が不十分であり、12月9日にインターネットで配信した産経ニュース「危険顧みず日本人救出し意識不明の米海兵隊員　元米軍属判決の陰で勇敢な行動スルー」とともに削除します。記事中、琉球新報、沖縄タイムスの報道姿勢に対する批判に行き過ぎた表現がありました。両社と読者の皆さまにおわびします。

（2018年2月8日「産経新聞」）

適菜　産経の見出し風に言えば「大ブーメラン」ですね。産経は朝日新聞の慰安婦報道な

どをめぐって、朝日は捏造体質だとさんざん批判してきました。しかし、いまや産経自身が捏造体質になっています。

この記事に限らず、産経の沖縄に関する報道は非常に歪んでいます。沖縄の人たちは同じ日本国民、同胞であるにもかかわらず、米軍を批判する沖縄メディアや沖縄の人々に対し、「反日」のレッテルを貼っている。

その背景について考えてみたんですが、産経新聞はネトウヨ、あるいはネトウヨレベルの読者をターゲットにしたビジネスに軸を移したのだと思います。今の日本社会にはネトウヨが溢れていますよね。普天間基地の近くの小学校に米軍のヘリの窓が落下する事件が起こったときには、学校側に「どうせやらせだろ」とか「基地の近くに小学校があるのが悪い」といった電話が何本もかかってきたそうです。下手をすれば子供が死んでいたかもしれないのに、米軍ではなく学校側に苦情を入れているんです。

ネトウヨは単に日々の鬱憤やルサンチマンを弱者にぶつけているだけです。産経はそういう人間に向けて記事を書くようになって劣化したんですよ。

山崎　最近はネット右翼をターゲットにした書籍が一定数売れているから、ネトウヨ向けの記事を書けば、新聞も売れるかもしれないと考えているんでしょうね。完全に商売です。

適菜　産経も最初は商売のために意識的にネトウヨ受けする記事を書いていたのでしょう

が、いまやネトウヨレベルの記者が与太記事を書くようになった。産経の見出しを見るとわかるのですが、ネトウヨのブログとそう変わらないんですよ。「森友学園問題でも民進党ブーメラン」とか「韓国最大野党幹部、安倍首相の正論を認めず」といったものもありました。

山崎　普通だったら恥ずかしくて使えないような言葉でも、平気で使ってしまっていますね。客観的に見ればネトウヨの世界でしか通用しない言葉なのですが、一般社会でも通用すると思っているんでしょうね。

適菜　産経は、山尾志桜里議員が共謀罪を擁護する日本維新の会に「自民党に入れてもらえ」とヤジを飛ばしたときには、「公党に対し、あまりに度が過ぎた侮辱だと思う」と批判する一方で、「民主党政権が終焉してから約4年半。当時を思い出すたびに虫ずが走る」といった記事を書いている。まともな新聞ではありません。

安倍政権の同人誌

山崎　最近の産経新聞の特徴は、最初から擁護する対象が決まっていることです。具体的に言えば、安倍政権とアメリカです。そして、それを批判する人たちを「国益を損なう」などと批判する。アメリカにへつらっている安倍政権のほうがよほど国益を損なっていると思いますが、彼らは安倍政権を無条件に支持しています。

適菜　物を考えていないんですよ。考えるのが嫌なんです。一度敵と定めた人間を叩き続けることにすれば、思考しなく済みますからね。

たとえば、辻元清美ならデマをもとに攻撃する。籠池泰典の女房の諄子が安倍昭恵に宛てたメールで、「辻元清美が幼稚園に侵入しかけ私達を怒らせようとしました」、「三日だけきた作業員が辻元清美が潜らせた関西なんとか連合に入っている人間らしい」などと根拠のないことを書き、産経が裏取りや確認取材もロクにせずに記事を書いた。辻元はこれを否定。諄子も「事実を確認したわけではないです」と誤りを認め、「作業員」も辻元とは面識がないと関係を否定。

産経がどのように謝罪するのかと注目が集まる中、政治部長の石橋文登は「民進党の抗議に反論する――恫喝と圧力には屈しない」との記事を掲載。恥の上塗りをしました。

山崎　こんなこともありました。「TBS番組『街の声』の20代女性が被災地リポートしたピースボートスタッフに酷似していた?!　『さくらじゃないか』との声続出」という記事です。新橋駅前で街頭インタビューに答えた女性が、熊本地震の際にインタビューに応じたピースボートのスタッフに似ているという噂がネット上で広まったのですが、産経は裏も取らずにそのまま報道したのです。

ピースボート側は、女性スタッフは当日熊本におり、東京で街頭インタビューに応じられるわけがないとし、「当団体に確認を取れば明らかになることにもかかわらず、当団体には事前に一切の連絡もなく、単なる憶測で書かれたもの」、「大手マスメディアとしての自覚がない」と抗議。産経新聞は取材を怠ったことを認め、記事を削除、謝罪文を掲載しました。

適菜　ひどい話ですね。裏を取らないなら、ネトウヨのブログと何も変わらない。

産経新聞が犿添要一の政治資金疑惑に関し、「民進調査チームも元検事起用　アドバイザーに郷原弁護士」と報じたときは、郷原信郎本人が「事実無根」と抗議しています。郷原によると、産経から記事掲載前に連絡があり、「調査チームのアドバイザー就任の依頼は受けていない」と回答したのに、コメントは無視されたそうです。取材してもコレなら、手の打ちようがありません。

山崎　僕は今の産経新聞を見ていると、かつての左翼を思い出します。１９７０年代や80年代は左翼の力が強くて、保守派は三島由紀夫や小林秀雄などを除き、ほとんど力を持っていませんでした。

それでは当時の左翼が優れた言論を展開していたかというと、そうではない。あの頃は日本全体が左翼的だったから、「反戦平和」とさえ言えば、どれほど低レベルのものでも受け入れられたんです。

これはいまの産経にそっくりです。非常に酷い内容でも「安倍支持」と言えば、一定の読者層には受け入れられる。それだけ言っていれば、中身を見ずに買ってくれる人たちがいるわけです。

適菜　いわゆる戦後民主主義の時代に左翼的な言説を無批判に受け入れた連中と、今の産経新聞の論調を無批判に受け入れている連中は、メンタリティとしてはほとんど変わらないですね。

山崎　全く同じです。もちろん安倍政権を擁護する言論があってもいいと思います。だけど、新聞は右にも左にも目を配り、その上で右寄りの主張をしたり左寄りの主張をしたりするものでしょう。安倍政権が何をやっても擁護するというのはおかしいですよ。そんなことをしているから、産経は主張も一貫性も失ってしまったんですよ。

たとえば、産経はこれまで河野談話に非常に批判的でした。そうであれば、日韓合意を結んで韓国に謝罪し、10億円も支払った安倍政権を徹底的に批判すべきです。だけど、彼らは相手が安倍政権だということで、すぐに腰砕けになってしまった。

不正常な状態が続く日韓関係をこれ以上、放置できなかった。膠着《こうちゃく》していた慰安婦問題の合意を政府が図ったのは、ここに重点を置いたものだろう。

東アジアに安全保障上の懸念が強まる中、日韓関係の改善は日米韓の枠組みを機能させる。日本の国益にかなうことは明らかだ。

「子や孫に謝罪し続ける宿命を負わすわけにはいかない」という安倍晋三首相の強い思いも後押ししたのだろう。

（2015年12月29日「産経ニュース」）

平昌オリンピックもそうですね。産経は当初、安倍が平昌オリンピックを欠席するかのような素振りを見せていたことを好意的に報じていました。

安倍晋三首相に五輪開会式への出席を求める声が、与党内からも出ている。論外である。

慰安婦問題の合意についての、韓国への失望だけではない。茶番劇になりかねない平和の祭典に首相として関われば、北朝鮮の思うつぼだ。

（2018年1月19日「産経ニュース」）

ところが、安倍が参加表明をすると、すぐさま立場を変えた。

韓国が、条約にも等しい日韓慰安婦合意をないがしろにする中での安倍晋三首相の平昌五輪開会式出席をめぐっては、首相官邸や外務省の幹部にも慎重意見が根強かった。また、首相の支持者の間でも反対論が圧倒的だったにもかかわらず、首相があえて出席を決断したのはなぜか。

今回の産経新聞のインタビューや、首相の周辺取材を通じてみえてきたのは、リスクを取ることをいとわず、批判を覚悟して為すべきことを為そうとする「政権を担う者の責任」（安倍首相）だった。

（２０１８年１月24日「産経ニュース」）

適菜　もう一つ付け加えると、産経新聞は、安倍が突然言い出した加憲についてもまともな批判をしていないですよね。

山崎　むしろ肯定的に論じています。

現憲法の最大の欠陥は、国と国民を守る軍に関する規定がないことにある。９条を理由とした自衛隊違憲論がなお存在する。

核心である９条を取り上げ、期限を定めて改正に取り組む姿勢を支持する。（中略）

自衛隊を明記するのであれば考慮すべき点がある。国民を守る態勢を整えるには、自衛隊に今の性格を持たせたまま憲法に書き込むだけでは足りない。平和主義は踏襲しつつ、自衛隊には日本の国と国民を守る「軍」の性格を与えなければならない。

弾道ミサイルが飛来する時代に国民を守る妨げとなっているのが「専守防衛」の考え方だ。これを見直すことができる改正内容とすることも重要である。

（2017年5月4日「産経ニュース」）

適菜　憲法9条1項、2項を残しながら、新たに第3項を設けて自衛隊の存在を明記することのいったいどこに整合性があるんですか。先ほども言いましたが、安倍は、軍隊の法的な正当性を明確にするという改憲派が積み上げてきた議論を全部ぶち壊したんですよ。なぜ産経は安倍を批判しないのか。

要するに、産経の言う「改憲」などファッションに過ぎないということでしょう。だから、一院制や道州制を唱えたり、首相公選制を唱える維新の会と組んで改憲しようとする恥知らずを支持できるんですよ。これではただの安倍政権の同人誌です。

ネトウヨが新聞記者になる時代

山崎　産経にはしばしば、安倍政権を批判するメディアを「偏向」と非難する議論が掲載されます。しかし、偏向とは相対的なものでしょう。産経から見れば朝日新聞は偏向しているように見えるかもしれないけど、朝日から見れば産経こそ偏向しているということになりますからね。

適菜　ネトウヨがよく朝日新聞を批判するときに使うキャッチフレーズみたいなものです。産経は朝日新聞や中国、北朝鮮を叩いて、それで飯を食ってきたんですよ。もし朝日が潰れれば、一番困るのはあいつらです。

山崎　偏向報道という言葉を使う人たちは、自分たちなりの世界観に凝り固まっているのだと思います。自分の世界観に固執しているから、それとは違うものが来ると全て「偏向」と批判するわけです。

適菜　自分がこれだと信じる理想や世界観があると、それとは異なるものを排除してしまう。これは左翼の発想です。それに対して、保守は反理想主義ですから、理想を追うこともないし、イデオロギーによる世界観を作りません。

山崎　産経新聞には「歴史観」とか「国家観」といった言葉も出てきますが、これも自分たちなりの世界観に固執していることのあらわれです。彼らが歴史教科書問題や慰安婦問題などにこだわるのも、自分たちで作り上げた「歴史観」や「国家観」に囚われているからでしょう。

適菜　保守であれば「正しい歴史」とか「歴史の目的」といったものに疑いを持つはずです。歴史を理性的、合理的に判断すると、どうしてもヘーゲル・マルクス的な発想になってしまいますからね。そこら辺の文脈が完全に無視されています。

山崎　そもそも「歴史観」や「国家観」が何を意味しているのかさえよくわからないのですが、前後の文脈から類推すると、どうやら歴史観や国家観とは愛国心のことを指しているようです。

適菜　それだと安倍には歴史観がないということになりますね。「もはや国境や国籍にこだわる時代は過ぎ去りました」と言っているわけですから。

山崎　あれだけアメリカにへつらっている人間の、いったいどこに愛国心があるんでしょうね。

適菜　昔から御用新聞とか御用メディアはありましたが、それでも最後の一線は引いていたと思います。今は身も蓋もなく、安倍の同人誌みたいな記事をネトウヨが書いているという状況です。

安倍政権は「バカ発見器」である

山崎　新聞だけでなく、雑誌もどんどん劣化していますね。

適菜　昔の『諸君！』などには保守的な人たちの論文も掲載されていましたから、ずっとまともだったと思います。ところがいまは『WiLL』や『Hanada』のような雑誌が保守系雑誌と呼ばれるようになっている。むちゃくちゃです。

こうした雑誌に載る記事は、出だしとオチがほとんど同じパターンです。出だしは「中国と北朝鮮がこんなことをやった」、「朝日新聞がこんなことを書いた」。オチは「日本に危機が迫っている」、「日本人はしっかりしろ」。この使い回しですね。

私は昔「ルーティン保守」という言葉を作ったんですが、要するに朝日新聞と中国と韓国と北朝鮮をルーティンで叩いているだけなんです。同じことを繰り返しているだけなのに、自分は立派なことをしていると思い込み、自己陶酔に浸っている。完全に思考停止してしまっています。

山崎　『新潮45』のように比較的良心的だと思われていた月刊誌にさえ、「安倍政権は『バカ発見器』である」といった安倍政権擁護の記事が掲載されるようになっていますからね。

適菜　安倍政権が「バカ発見器」だという主張には完全に同意します。安倍政権を支持している連中が書いているものを見れば、バカかどうかすぐにわかる。

山崎　僕があの手の雑誌に違和感を覚えるのは、彼らはケント・ギルバートとか素人を登場させるでしょう。これはかつての左翼雑誌とそっくりなんですよ。

左翼運動が盛り上がっていた頃は、労働運動や市民運動をやっている人間がよく左翼雑誌に登場していました。彼らは運動についてはプロなのかもしれませんが、物書きとして

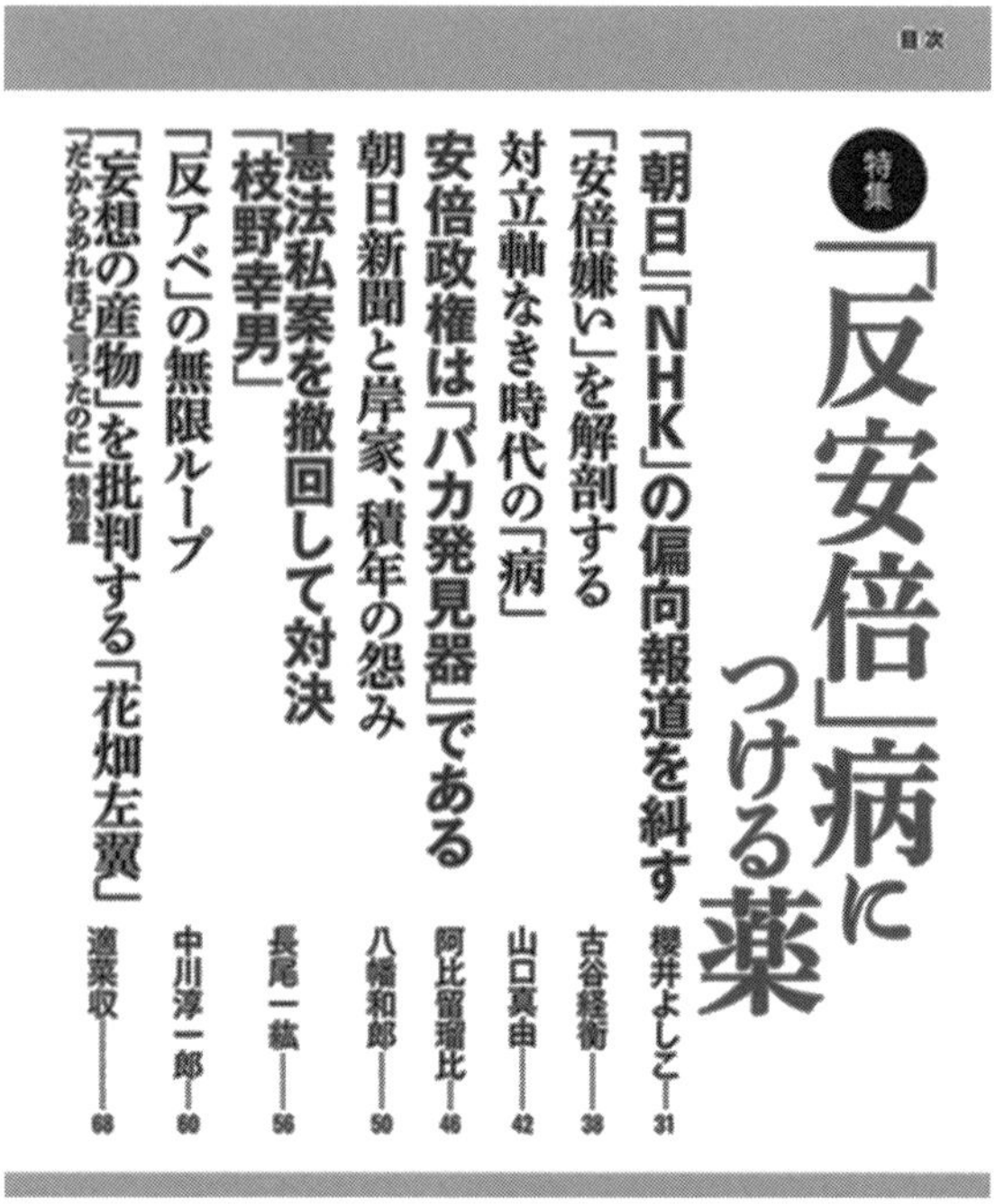
目次

特集 「反安倍」病につける薬

（『新潮45』2018年2月号の目次より）

はド素人です。なぜそんな素人の文章を載せるのか、僕はそれが嫌で嫌で仕方なかった。

それに対して、当時の保守系メディアは敷居が高くて、素人は登場できなかったんです。

適菜　ネトウヨが新聞記事を書いている時代ですからね。あんなものは素人だって書けます。

山崎　自称保守系雑誌がケント・ギルバートを頻繁に登場させるのは、外国人から自分たちの主張を正当化してもらい、安心したいからでしょう。彼らは日本寄りの韓国系文化人を誌面に登場させ、日本を称賛してもらったりしていますが、これも同様です。

適菜　外国人に褒めてもらって喜ぶという、ありがちなパターンですね。

山崎　日本人はそういうのが大好きなんですよ。ケント・ギルバートの本は40万部以上売れているらしいですからね。

適菜　外国人から「悪いのは中国と韓国だ」というわかりやすい悪を設定してもらい、その悪に怒りをぶつける。流されやすい人々です。

山崎　日本は経済面で中国に押されているし、日本企業がアジアの企業から買収されたりもしている。だから余計に「中国は馬鹿だ」、「韓国は馬鹿だ」と言いたくなるんでしょうね。

適菜　日本で「反韓」とか言って騒いでいる頭の悪い連中は、韓国で「反日」と騒いでいる頭の悪い連中と同じです。薄っぺらなナショナリズムに煽られて興奮しているだけ。日々の生活の鬱憤のはけ口がほしいだけです。

山崎　最近ではケント・ギルバートは全国各地を回り、憲法改正を訴えているそうですよ。

米カリフォルニア州弁護士で、言論活動で幅広く活躍しているケント・ギルバート氏が2日、「憲法改正と日本の自立」と題して青森市の青森国際ホテルで講演した。「日本が自立するために、日本人は目を覚ます時期が来た」と訴え、改憲の必要性を強調した。

（2017年11月3日「産経ニュース」）

適菜　もし日本の弁護士がアメリカで「アメリカ憲法を改正すべきだ」と言えば、「帰れ、バカ」と言われるだけです。外国人から主権の問題に口出しされることについて、日本人は不感症になってしまっています。

慰安婦合意を評価する櫻井よしこ

山崎　産経新聞と同じように、安倍政権の御用ジャーナリストとして活躍しているのが櫻井よしこです。安倍も櫻井を高く評価しています。彼らはよほど波長が合うんでしょうね。実際、櫻井と安倍は似ていますからね。主張がコロコロ変わり、しかもそれを恥とは思っていない。要するに思想がないんですよ。

適菜　類は友を呼ぶということですね。

山崎　櫻井も以前は河野談話を厳しく批判していました。

　河野談話という日本政府の正式談話を取り消さない限り、私たちはありとあらゆる国際社会の非難を浴び続ける。正確な事実を発信して、たとえ幾年かかっても河野談話を潰さなければならない。当然、諸悪の根源である河野談話を支え続けた朝日も許されない。

（2014年9月11日号『週刊新潮』）

とすれば、櫻井は安倍を批判しなければ辻褄が合いません。安倍は河野談話の継承を明言し、慰安婦問題について政府の責任を認めたんですから。

ところが、櫻井は日韓合意が締結された直後にテレビ番組に出演し、合意内容に不満を示しつつも、国際社会から高く評価されていることを理由に、合意は大成功だったと言っているんですよ。

日本がなぜこの問題について怒っているのかというのは、嘘の歴史を言われて日本の名誉が傷つけられている、偽りの捏造された歴史を私たちは押しつけられて、汚名を着せられているじゃないかという点があるわけですね。今回の合意はここのところを全く触っていないという意味で、やっぱり歴史を見つめようとする人たちには強烈な不満があると思います。

しかし、外交的にはこれはものすごい成功しましたね。そこのところはやっぱり安倍総理の決断ということで認めなければいけないと思います。今まで日本と韓国の関係がうまくいかなかったのは、安倍政権がきついことを言ったりとか、歴史をちゃんと反省しなかったりという、安倍が悪いんだというふうな見方がアメリカにもあった。中国なんか今もそう言っていますけど。今、国際世論を見るとガラッと変わりましたでしょう。あのニューヨーク・タイムズのような反日新聞もこのことを評価しましたよね。

（2016年1月7日「BSフジLIVEプライムニュース」）

櫻井には全く一貫性がない。なぜこんな人間が保守の重鎮と崇められているのか、理解できません。

適菜　世の中には上から目線でババアに叱られたいという性癖を持つ人間が結構いるんですよ。そのポジションを確保すると大きなビジネスになる。

山崎　「しっかりしろ、日本男児！」とか言われたいんですかね。

適菜　「櫻井先生に叱られちゃった」と喜ぶんですよ。

山崎　アントニオ猪木にビンタされて喜んでいるようなものですね。確かにおじさんたちは櫻井よしこにサインをもらい、一緒に写真をとって、それを額縁に入れて飾ったりしていますからね。

適菜　いまその後釜を狙っているのが三浦瑠麗ですよ。そのうち着物をお召しになり、髪を盛り上げ、講演でドサ回りをするようになるんじゃないですか。

百田尚樹を批判できない出版社

山崎　百田尚樹も典型的な御用文化人です。百田は２０１５年に自民党の若手議員たちが開催した勉強会「文化芸術懇話会」で、「沖縄の二つの新聞はつぶさないといけない。あってはいけないことだが、沖縄のどこかの島が中国にとられれば目を覚ますはずだ」と述べました。いかにもネット右翼が好みそうな議論です。自民党の議員たちもこの程度の人間を勉強会に呼ぶなんて、本当にレベルが低いと思います。

百田は安倍と同様、「戦後レジーム」には批判的なようです。ツイッターでもアメリカの東京大空襲を非難しています。

ちなみに第一回の東京大空襲は下町の民家密集地帯を狙って行われた。米軍はいかにして日本人を効率的に焼き殺すことができるかと、砂漠に日本家屋の町を作って実験を繰り返した。ハワイから日系人の職人を呼び、畳やふすままで作らせるほどの徹底ぶり。そして一夜にして12万人の市民を焼き殺した。（２０１４年2月15日「百田尚樹のツイッター」）

しかし、東京大空襲を批判するならば、沖縄がアメリカや日本政府を批判することも認めなければおかしいはずです。沖縄戦でどれほど多くの人たちが犠牲になったか。しかも、彼らは米兵だけでなく日本兵からも殺されている。沖縄がアメリカや日本に対して恨みを抱くのは当然なんですよ。

ところが、百田尚樹は東京大空襲を批判しながらも、その一方でアメリカに謝罪を求めるべきではないとも言っています。日本がアメリカに謝罪を要求するなら、沖縄がアメリカや日本政府に謝罪を求めたり、糾弾したりすることも認めなければならなくなるからでしょう。百田はきっとそれが嫌なんですよ。

私は69年も前の「東京大空襲と原爆投下」に関してアメリカを糾弾する気もないし謝罪を要求する気はない。そんなことをして両国に何も益はない。しかし、これが「無辜の一般市民の大虐殺」であることはまぎれもない事実である。だが、これをいつまでも恨んでも無意味である。ただ、忘れてはならない。（同前）

しかし、これでは戦後レジームの固定化にしかならないでしょう。保守であれば百田を厳しく批判すべきです。だけど、そういう声はあまり聞かれません。

適菜　百田はメディアから守られているんですよ。彼の本を出している出版社や、連載を掲載している雑誌では、百田を批判できませんからね。

山崎　メディアも商売しなければならないから、どうしても売れ筋の作家にはおもねることになる。司馬遼太郎批判がタブーとされていた時期もありましたからね。それと同じですね。

権力からおこぼれをもらう文化人

山崎　御用学者や御用評論家たちが権力にゴマをするのは、おこぼれがあるからです。時の権力者に近づけば、独自の情報を入手できるなど、得られるものも少なくないでしょうからね。

適菜　実際におこぼれをもらっている人がいます。小川榮太郎とかいう安倍のヨイショライターが『徹底検証「森友・加計事件」　朝日新聞による戦後最大級の報道犯罪』なんて本を書いていましたけど、安倍周辺が買い上げていた。

「11月17日ごろ、自民党所属の国会議員のもとに、差出人が『自由民主党』とだけ書かれた書面と一緒に〝ある本〟が届いたんです。各都道府県にある自民党の支部連合会にも、段ボールに詰めて100部ずつ送られてきました。しかし、その本が石破茂元幹事長（60）のところにだけ届いていないようなんです」（自民党ベテラン秘書）

その本とは、総選挙直前の10月16日に発売された、文芸評論家・小川榮太郎氏の著書『徹底検証「森友・加計事件」　朝日新聞による戦後最大級の報道犯罪』（飛鳥新社）のこと。「安倍晋三は『報道犯罪』の被害者である」という出だしから始まる〝安倍応援本〟だ。
12～13年にも安倍晋三首相（63）の政治団体「晋和会」などが、小川氏の著書『約束の日　安倍晋三試論』を4000部以上爆買いしていたことが報じられた。国会がスタートするなか、党内への牽制と自身の応援団への〝恩返し〟という意図で行われたのだろう。
「党が全部で5000部以上購入したようです。一緒に送付されてきた書面には『ご一読いただき、「森友・加計問題」が安倍総理と無関係であるという真相の普及、安倍総理への疑惑払拭にご尽力賜りたい』という旨が記されていた。ただ、この本が石破さんの事務所だけでなく、地元であり、彼が会長を務めている自民党の鳥取県支部連合会にも届いていないんです。石破さんに対するイジメ、嫌がらせですよ」（同前）
（2017年12月8日号『FRIDAY』）

しかも、この本は朝日新聞から逐一反論されています。小川は朝日新聞から取材拒否されたと言っているけれども、朝日新聞からは「弊社の取材窓口にはもちろん、弊社の取材班にも、貴殿からの取材申し入れはこれまで一度もありません」と指摘される始末。完全にアウトでしょう。

山崎　自称保守派たちが「幸福の科学化」しているということですね。結局、金儲けのためだけに言論活動をしているから、そういうことになるのでしょう。

適菜　私が『安倍でもわかる政治思想入門』を出したとき、ネトウヨに「適菜は安倍さんを利用して金儲けしている」と言われましたが、金儲けしたければヨイショ本を書きますよ。そちらのほうが儲かりますからね。

西尾幹二の変節

山崎　自称保守派の中には、今頃になって安倍政権を批判し始めた人間もいます。西尾幹二なんかがそうです。西尾は最初は安倍政権を応援していました。第二次安倍政権が誕生した直後には「安倍内閣の世界史的使命」という文章を書き、安倍政権への期待感を示していました。

歪なグローバリズムに取り巻かれた現代世界の非常に難しい特性をよく認識して、万世一系の天皇の下で栄えてきたこの国の独自文明というものをどう主張し守っていくかということ、それこそが日本の新政権の世界史的使命であると思うのです。

世界史的と申し上げたのは、第一の課題で取り上げたように大陸を中国共産党から解放することがひとつあります。それだけでなく、崩壊していくアメリカ文明に対する道義的優位と単一民族としてのわが国の持つ強さを世界に知らせることが第二の課題です。

それを壊そうとするユダヤのような世界政府的な覇権思想に抵抗し、これと一線を画し、日本文明の独自性を守ることが、選挙で多数を与えられた新しい保守政権の世界史的使命なのです。

地球上の各国はそれぞれに独自で個性的であるべきで、一国の優越は許されません。ましてや、目に見えない怪物のようなグローバリズムの支配などあってはなりません。

新政権に課せられた使命は非常に重要であると同時に、大変に困難な使命でもあると言えます。

（2013年3月号『WiLL』）

安倍に過剰な期待を寄せること自体おかしいと思うのですが、その期待を裏切られたからか、西尾はここに来て急に立場を変えました。

北朝鮮の核の脅威と中国の軍事的圧力がまさに歴然と立ち現れるさなかで敵に背中を向けた逃亡姿勢でもある。憲法改正をやるやるとかねて言い、旗を掲げていた安倍氏がこの突然の逃げ腰——5月3日の新提言そのものが臭いものに蓋をした逃げ腰の表れなのだが——のあげく、万が一手を引いたら、もうこのあとでどの内閣も手を出せないだろう。
国民投票で敗れ、改正が永久に葬られるあの幕引き効果と同じ結果になる。やると言って何もやらなかった拉致問題と同じである。いつも支持率ばかり気にし最適の選択肢を逃げる首相の甘さは、憲法問題に至って国民に顔向けできるか否かの正念場を迎えている。
（2017年8月18日「産経ニュース」）

適菜さんは西尾の変節についてどう思いますか。

適菜　気になった点はいくつかあるのですが、まず第一に、あまりにも遅すぎるということです。安倍が日本を壊したあとに批判を始めてどうするんですか。まっとうな保守派は当初からずっと安倍政権を批判していましたよ。

第一次政権のときから安倍は小泉純一郎の構造改革路線を引き継ぐと明言しています。もともと「歪なグローバリズム」を信仰する人間です。世の中には不作為の罪というものがあります。いまさら批判を始めても、免罪になるわけがありません。

それから、西尾は自分が書いた安倍批判の原稿を産経新聞が掲載したことを評価し、保守派の仲間たちから「よくぞ言ってくれた」と言われたと書いていましたが、産経新聞こそ安倍政権を支持し、国の形を歪めてきた張本人ではないですか。自分の安倍批判を応援してくれた保守派の人たちっていったい誰なんですかね。今さら何を言っているのかということです。

「保守系のメディアはまったく安倍批判を載せようとしない。干されるのを恐れているのか、評論家たちもおかしいと分かっていながら批判してこなかった。しかし、本来なら保守の立場こそ、偽りの保守を名乗る安倍政権を批判しなければいけないのです。私の論文はもう保守系雑誌には載りませんが、何も恐れてなどいない。覚悟を決めて声を上げるべきなんです。

ただ、徐々にではあるが変化の兆しは生まれています。産経新聞はこの原稿を掲載しましたし、保守派の人たちが産経に載った論考を読んで〝よくぞ言ってくれた〟と私に率直な感想を伝えてくる。本物の保守はみな、安倍氏に愛想を尽かしています」

（2017年9月8日号『週刊ポスト』）

山崎　おそらく西尾は世間の風向きを読んでいるのだと思います。これまで安倍政権はマスコミをうまく抑えていたから、安倍政権に批判的な評論家やコメンテーターたちがテレビ番組から降板するということもありました。だからマスコミの中には、どこか安倍政権を批判しちゃいけないような雰囲気があった。

だけど、森友学園問題や加計学園問題などが起こって、マスコミもようやく安倍政権批判を始めました。その批判がどんどん大きくなっていき、大衆的な盛り上がりを見せるまでになった。西尾はそのムードに乗っているだけです。

でも、本当に安倍政権を支持しているなら、今こそ安倍を守るべきですよ。世の中の流れが変わったからといって、それに乗っかって安倍批判を始めるというのは、非常に卑劣だと思います。

適菜　あえて西尾を擁護するなら、批判しないよりは批判したほうがいいというのが一点。それと、西尾はもうおじいちゃんだから、安倍の正体に気づいていなかったのではないですか。

安倍は憲法を改正して一院制や道州制の導入を目論んでおり、首相公選制を唱える維新の会とも改憲でタッグを組もうとしている。2014年1月22日の世界経済フォーラム年次会議（ダボス会議）の冒頭演説でも安倍は、徹底的に日本の権益を破壊すると宣言。電力市場の完全自由化、医療の産業化、コメの減反の廃止、法人税の引き下げ、雇用市場の改革、外国人労働者の受け入れ、会社法の改正などを並べ立て、「そのとき社会はあたかもリセット・ボタンを押したようになって、日本の景色は一変するでしょう」と言い放った。典型的なファミコン脳です。

電力市場を、完全に自由化します。２０２０年、東京でオリンピック選手たちが競い合う頃には、日本の電力市場は、発送電を分離し、発電、小売りとも、完全に競争的な市場になっています。

日本では、久しく「不可能だ！」と言われてきたことです。

医療を、産業として育てます。

日本が最先端を行く再生医療では、細胞を、民間の工場で生み出すことが可能になります。

日本では、久しく「不可能だ！」と言われてきたことです。

40年以上続いてきた、コメの減反を廃止します。民間企業が障壁なく農業に参入し、作りたい作物を、需給の人為的コントロール抜きに作れる時代がやってきます。

日本では、久しく「不可能だ！」と言われてきたことです。

これらはみな、昨年の秋、現に、決定したことです。

加えて、昨日の朝私は、日本にも、Mayo Clinic のような、ホールディング・カンパニー型の大規模医療法人ができてしかるべきだから、制度を改めるようにと、追加の指示をしました。

（2014年1月22日「世界経済フォーラム年次会議冒頭演説」）

だけど、保守と呼ばれる年配の人たちと話をしていると、こうした安倍の言動を知らない人が多いんです。

山崎　彼らは安倍政権の政策を細かくチェックして支持しているのではなく、ただ単にムードで支持しているということですね。安倍は憲法改正とか拉致問題解決とか、平均的な保守論壇人が好みそうな政策を掲げている。だから、保守と左翼、保守と革新という単純な分類をして、安倍は保守だと思い込んでいるのでしょう。

だけど、実際には憲法改正にしても拉致問題にしても、自称保守派たちは安倍からことごとく裏切られています。政策がコロコロ変わって、最後まで続かないですからね。そうした総理大臣を支持してきたエセ保守というのは、実に哀れだと思います。

左翼の安倍批判が力を持たない理由

山崎　僕は安倍政権を擁護する自称保守派たちには大いに問題があると思っているのです

が、それと同時に、安倍政権を批判する左派やリベラルにも問題があると思います。彼らはかなり厳しく安倍政権を批判していますが、彼らの批判は全然突き刺さらないと思うんです。

適菜　そうですね。左翼は安倍のことを保守や右翼、国家主義者、復古主義者だと勘違いしていますからね。

慶應大学にいた金子勝という古い左翼がいますよね。彼はツイッターでトランプと安倍は同じ排外主義者だと言っていたけど、大間違いです。不法移民を追い出そうとしているトランプと、「外国人材」と言葉をごまかして大量の移民を国内に入れようとしている安倍が、なぜ同じ排外ナショナリストになるのか。ナショナルという言葉の意味がわかっていないのでしょう。

ちなみに、アベ・トランプ関係を持ち上げるメディアもどんどん醜くなっている。たしかに安倍首相も同じ排外ナショナリストとして気が合うようだが、悲しいくらい「属国」の首相扱い。ＴＰＰは早くもそれが現れただけ。それでも何でも言いなりアベ外交。

（２０１６年11月28日「金子勝のツイッター」）

現在、世界的に行き過ぎたグローバリズム路線への反省が進んでいますよね。イギリスのEU離脱もそうですし、アメリカのトランプ現象やサンダース現象もそうです。

ところが、安倍はこうした状況を把握せず、いつまでもTPPや移民政策にこだわり、思い切り逆噴射している。ナショナルなものを急進的に解体したのが安倍でしょう。このままでは日本が食い物にされるのは目に見えています。

安倍は保守でもなければ右翼でもない。戦後民主主義の帰結であり、周回遅れの花畑グローバリストです。左翼はしっかりとした現状認識を持っていないから、まともな批判ができないんです。

山崎　左派やリベラルは「安倍政権が民主主義を破壊している」とか「だから民主主義を守らなければならない」ということを言いますよね。でも、左派が守ろうとしている民主主義そのものにも大きな問題があります。すでに議論したように、民主主義が暴走すれば、全体主義が生じる恐れがある。民主主義は絶対的な価値観ではありません。だから「民主主義を守れ」といっても、あまり意味がないんじゃないかと思います。

適菜　「民主主義」という言葉が都合よく使われています。政治思想史を振り返ればわかりますが、代議制や議会主義は「民主主義」の発想とは異なります。大衆の意見をそのまま政治に反映させるのは危険だから、そこに「議員の選択」という過程を持ち込み、さらに権力を分散させる。だから、安倍が破壊したのは民主主義ではなくて議会主義です。

山崎　それから最近の左派やリベラルはどうも権力の怖さというものがわかっていないと思う。安倍政権は森友問題や加計問題などの疑惑を抱えていますが、マスコミがいくらこれらの問題を追及しても、警察や検察は動こうとしません。司法権力が完全に安倍政権に取り込まれてしまっているという印象です。

かつてロッキード事件が起こったときや、小沢一郎が陸山会事件に巻き込まれた際には、検察や警察が率先して動き、世論を作っていきました。彼らの動きには、田中角栄や小沢一郎の政治生命を奪ってやろうという意図が感じられました。このときは「国策捜査」という言葉が流行りましたよね。

ところが、たとえばリベラルの重鎮と見なされている山口二郎は、この点を全く考慮していません。山口の『政権交代とは何だったのか』という本には、国策捜査のことが触れられていないんです。民主党政権が政策の失敗や内部対立だけで崩壊したかのように書いている。これは明らかにおかしいですよ。

ロッキード事件や陸山会事件の場合には、背後でアメリカが動いていた可能性も指摘されていますよね。田中角栄や小沢一郎はアメリカから距離をとろうとしていたから、アメリカにとっては不都合な政治家だった。もちろんアメリカが直接指示して検察を動かしたなんてことはあり得ませんが、結果的に見れば、アメリカに嫌われた政権は短命に終わっています。

適菜 アメリカにとっては安倍政権が続いたほうが都合がいいですからね。日本の権益を放棄すると言っているんだから。

それからロッキード事件のときは文藝春秋が動きましたよね。文春が田中角栄の疑惑を厳しく追及した。要するに、ジャーナリズムが機能していたんですよ。

私はよく冗談半分で言っているんですが、安倍政権よりも民主党政権時代のほうがマシだった理由は、産経や読売といったジャーナリズムが機能していたことと、自民党という確かな野党が存在したことです。だから民主党政権もやりたい放題はできなかった。

今は確かなジャーナリズムもないし、確かな野党もない。だから安倍政権の暴走を止められなかったということだと思います。

第五章　命懸けの思想

矛盾を恐れない思考

山崎　今の自称保守派とかつて保守派と呼ばれた人たちとの最大の違いは、作品を残しているかどうかという点にあると思います。エセ保守や自称保守たちは政治情勢については色々と論じているけれども、作品と呼べるようなしっかりとした著作は一冊もありません。週刊誌にちょこちょこ書いて、それをただまとめただけのような雑文集ばかりです。

たとえば西尾幹二はもともとニーチェの研究者ですが、彼が政治評論を書くようになったのは、学者の世界や文壇で影響力がなくなってからです。文芸批評や学問の世界で一流の業績を残すのは難しいですけども、政治はある意味で誰でも語れますからね。ネット右翼ですら一丁前に政治を論じているんですから。二流、三流の学者や文芸批評家ほど政治情勢論を語りたがるんですよ。

そこが小林秀雄や三島由紀夫などとの決定的な差です。小林秀雄たちは文壇の世界でも一流と呼ばれるような作品を残しながら、なおかつ政治評論の世界でも活躍していました。彼らが影響力を持っていた時代は、左翼の力が強く、保守と呼ばれる人たちは少数派でした。だけど、彼らは左翼論壇に対抗できるほどの力を持っていた。左翼の人たちも密かに小林秀雄たちの作品を読んでいました。それはやっぱり彼らが自らの専門分野で超一流の人間だったからですよ。

これは政治の世界も同じです。適菜さんが『ニーチェの警鐘』の中に書いていてすごく印象に残っているんですが、東京でタレントの青島幸男が知事に当選し、大阪でも芸人の横山ノックが知事になった時代がありました。タレント知事自体には多くの問題がありますが、青島幸男や横山ノックは本業でもそれなりの実績を残していた。

これに対して、東国原英夫が宮崎県知事になったのは全く意味合いが異なる。東国原は芸人としても二流、三流だし、何の実績もないじゃないか、と。

適菜　確かに書きました。

山崎　全くその通りだと思いましたね。自らのジャンルで実績を残していない人間が他の業界に移ったところで、何もできませんよ。

それでは、かつての保守派たちが一流の作品を残すことができたのはなぜか。それは、彼らが矛盾にぶち当たるまで思考を突き詰めたからだと思います。物事を徹底的に考えていけば、必ず矛盾に直面します。逆に言えば、矛盾に直面しない思考は中途半端な思考だということです。作品というものは、そこまで徹底的に考え抜いて初めて作り上げることができるのだと思います。

小林秀雄はまさにそういう作家でした。小林は矛盾することをむしろ肯定的なことと捉えていました。

学問といっても、宣長の学問は人生の学です。物質の学ではない。そこに矛盾というもののおもしろさを見つけてもいいわけです。小説家が矛盾のおもしろさを人生に探るように。言うことが矛盾しなければならんように、その人は、それだけ深く考えていたということだってある。もう少し手前で考えを止めれば、なにも矛盾しなくてもよかった、そういうことだってある。考え詰めると矛盾が起こる、そういう構造が頭脳にある、そう考えたっていい。宣長は、自分で知っていてやったんですよ。馬鹿だから矛盾したわけじゃない。あの人は、非常に明瞭な露骨な形で、矛盾を表わしたけれども、これは本ものの思想家ならどんな思想家にもあるものなんです。

（小林秀雄「歴史について」）

文学ではよく矛盾や葛藤がテーマになります。小林が矛盾という問題に敏感だったのは、彼が文学に携わっていたからです。小林は絶えず矛盾ということを考えていたのだと思います。

適菜　ドイツの哲学者・ヤスパースも言うように、安易に答えを出すのではなく、矛盾を抱え込み、考え続けることが大切です。文学では、人間が業や矛盾を抱えた存在であることや、人間の持つ愚かさや悲しさが描かれます。だから文学者は、自分たちが正義を背負っているると思い込み、正義を唱えるような運動をしたりできるはずがないんです。かつての保守に文学者が多かった理由もそこにあると思います。

山崎　そうですね。でも、最近ではエセ保守だけでなく左翼ですら文学をまともに読まなくなってしまいましたね。

適菜　昔の左翼は日本の古典を読んでいましたからね。評論家の加藤周一は自分の根本は万葉集だと書いていました。

私が諳んじている『万葉集』のいくつかの短歌は、東京の秋の夕暮れの西空や、春先の風のなまぬるい肌ざわりと共に、遠く隔った少年のころから現在に残されている形見のほとんどすべてであるといってよい。

しかし『万葉集』は、私にとって昔の色あせた写真では決してない。そうではなくて、私が今日本の詩歌を愛するもっとも大きな理由であり、またおそらく文学というものを信じる理由の一つでさえもある。

（加藤周一「読書の想い出」）

大江健三郎も正岡子規が古今和歌集を批判したので、若い頃は古今和歌集を読まなかったが、古今和歌集ほど完成度の高いものはないと言っています。

> 僕がそれまで『古今和歌集』をよく読まなかったのには、いわれのない——あるいは、脆いいわれしかない——思いこみがあったからで、以後僕は自分のなかの古典についての各種の思いこみを洗い流すようつとめたものだ。つまりこの場合、子規の、「貫之は下手な歌よみにて古今集はくだらぬ集に有之候。」改革者子規の論理の強さならいまも尊敬しているが、永い時の流れの底にしっかりとかたちの見える歌こそがいまに残っている以上、下手な歌よみの歌は、古今にも新古今にもないのではないか？　それが定型詩のおそろしいような完成度ということであろう。
> （大江健三郎「古典の習慣《ハビット》」）

中野重治や高橋和巳だってそうです。それこそ今のインチキ保守よりも日本の古典を正確に読んでいた。彼らは古典を通して人間の矛盾と戦っていたから、政治的立場は違ったとしても、まだ話が通じる部分があったんですよ。

山崎　たとえ政治的な見解で対立があったとしても、文学をきちんと読んでいる左派からは学ぶべきところもあります。

そもそも文学者というものは、たとえ左翼的な思考をしていたとしても、小説を書くという行為を通じて日本の歴史や伝統を守ることに貢献しています。彼らが作品を作ることは、日本文学の歴史を積み重ねていくことにつながるわけですからね。

適菜　キリスト教の原理化に手を染めたルターがドイツ語の成立に貢献したのと同じような話ですね。

山崎　だから極端に言えば、文学者たちはいくら自分自身のことを左翼だと思っていたとしても、保守派に属すると言えます。

他方、仮に政策の方向性が一致していたとしても、ろくに文学を読んだこともないようなエセ保守から学ぶべきことは何もありません。僕は最近では『正論』とか『WiLL』とか、いわゆる保守系雑誌と呼ばれるものはほとんど読んでいません。なぜ読まないかというと、そこで書いている評論家たちが物事を突き詰めて考えていないから、もっと言ってしまえばバカだからです。バカから学べるものは何もありません。

小林秀雄のヒトラー論

山崎　矛盾を恐れないということは、別の言い方をすると、単純な善悪二元論に陥らないということです。一方が善だからといって他方が悪とは限らない。善であると同時に悪であることだってあるかもしれない。

適菜　白黒はっきりつけられないものこそ重要だということです。世の中には言語化できないものがある。論理だけで説明しようとしても、こぼれ落ちてしまうものがある。ところが、近代合理主義者は物事を分類し、ラベルを貼り、理解したつもりになる。

このことは絵画について考えればわかりやすいと思います。画家は言葉では説明できないものを絵で表現しているのだから、それを言葉で説明しても意味がない。ところが、バカは絵画の説明文を読み、わかったつもりになってしまうわけです。これはフランスの哲学者・ベルグソンが強調していた点でもあります。

つまり言ってしまえば、我々は物そのものを見ているのではないのである。たいがいの場合には、我々は物の上に貼りつけてある附け札を読むだけにしているのだ。必要から出てきたこの傾向は、さらに言語の影響を受けて強調されるに至った。なぜなら言語は（固有名詞を別として）凡て種類 genres を表示している。物のうちそのいちばん普通の機能とそのありふれた様相だけしか記さない語は、物と我々との間に介入してきて、その形を我々の目に蔽いかくすであろう、語そのものを創った必要の背後に既にその形が身を隠しているのでなければ。

（ベルグソン『笑い』）

山崎　小林秀雄も「骨董」という短いエッセイで、骨董は美術館で鑑賞してもわからない、実際に触ってみなければわからないと言っています。これも物事の本質はラベルを見ただけではわからないということですね。

骨董という言葉には、器物に関する人間の愛着や欲念の歴史の目方が積りに積っていて、古美術というような蓋は、どうも軽過ぎる気味があるようである。しかし、現代の知識人達は、ほとんどこのことに気づいていない。彼等は美術鑑賞はするが、骨董いじりなどしないからだ。これらの二つの行為はどう違うか、骨董いじりを侮《あなど》り、美術鑑賞において何ものを得たか、そういうことを、ほとんど考えてみようとしないからである。

骨董はいじるものである、美術は鑑賞するものである。そんなことをいうと無意味な洒落《しゃれ》のように聞えるかも知れないが、そんなことはない。この間の微妙な消息に一番早く気づいたのは骨董屋さん達であって、誰が言いだしたともなく、鑑賞陶器という、昔は考えてもみなかった言葉が、通用するに至っている。言葉は妙だが、骨董屋さんの気持ちから言えば、それはいじろうにも、残念ながらいじれない陶器をいうのである。（小林秀雄「骨董」）

小林秀雄はベルグソンから強い影響を受けていましたから、思考方法が似ています。

適菜　安倍支持者たちもラベルに騙されています。エセ保守系メディアが安倍のおでこに貼り付けた「保守」だの「ナショナリスト」だの「愛国者」だのといったラベルを見て、誤認している。

山崎　そういう意味では小林秀雄は徹底的にラベルを拒否した作家だったと言えます。小林はヒトラーについて論じる際にも、簡単に悪人や悪党といったラベルを貼って理解しようとしませんでした。ヒトラーを肯定したということではないのですが、ドストエフスキーを参照しながらヒトラーについて考え抜いているんです。

彼は政治家だったから、権力という言葉が似合うのだが、彼の本質は、実はドストエフスキイが言った、何物も信じないという事だけを信じ通す決心の動きにあったと思う。ドストエフスキイは、現代人には行き渡っている、ニヒリズムという邪悪な一種の教養を語ったのではなかった。しっかりした肉体を持ったニヒリズムの存在を語ったのである。この作家の決心は、一種名状し難いものであって、他人には勿論、決心した当人にも信じ難いものであったようだ。その事を作者が洞察して書いている点が、「悪霊」という小説の一番立派なところである。恐らくヒットラアは、彼の動かす事の出来ぬ人性原理からの必然的な帰結、徹底した人間侮蔑による人間支配、これに向って集中するエネルギイの、信じ難い無気味さを、一番よく感じていたであろう。だからこそ、汎《はん》ドイツ主義だとか反ユダヤ主義だとかいう狂信によって、これを糊塗《こと》する必要もあったのであろうか。

（小林秀雄「ヒットラアと悪魔」）

適菜　悪についても簡単に理屈づけしないということですね。悪についてロジックで説明してわかったつもりになるということは、そこで思考をやめてしまうということですから。しかし、悪について思考停止してしまうと、悪と対峙することができなくなってしまう。現代の悪は前近代とは違う形であらわれます。

アーレントは『イェルサレムのアイヒマン』でナチスの親衛隊中佐であったアイヒマンの裁判記録を残しています。この本の副題は「悪の陳腐さについての報告」です。ここではアイヒマンは極悪人でなく、小心者の平凡な役人として描かれています。近代においては狂気の集団ではなく、凡庸な人間が巨悪を生み出すのです。

私が悪の陳腐さについて語るのはもっぱら厳密な事実の面において、裁判中誰も目をそむけることのできなかった或る不思議な事実に触れているときである。アイヒマンはイヤゴーでもマクベスでもなかった。しかも〈悪人になって見せよう〉というリチャード三世の決心ほど彼に無縁なものはなかったろう。自分の昇進にはおそろしく熱心だったということのほかに彼には何らの動機もなかったのだ。そうしてこの熱心さはそれ自体としては決して犯罪的なものではなかった。勿論彼は自分がその後釜になるために上役を暗殺することなどは決してしなかったろう。俗な表現をするなら、彼は自分のしていることがどういうことか全然わかっていなかった。まさにこの想像力の欠如のために、彼は数ヵ月にわたって警察で訊問に当るドイツ系ユダヤ人と向き合って坐り、自分の心の丈を打ち明け、自分がＳＳ中佐の階級までしか昇進しなかった理由や出世しなかったのは自分のせいではないということをくりかえしくりかえし説明することができたのである。大体において彼は何が問題なのかをよく心得ており、法廷での最終陳述において、「〔ナツィ〕政府の命じた価値転換」について語っている。彼は愚かではなかった。完全な無思想性――これは愚かさとは決して同じではない――、それが彼があの時代の最大の犯罪者の一人になる素因だったのだ。

（アーレント『イェルサレムのアイヒマン』）

これは安倍支持者たちにも言えることです。彼らはポテトチップスを食べながらワイドショーを見て、安倍に声援を送る。そして、その結果に責任をとらない。無知と忘恩。彼らは「自分のしていることがどういうことか」全然わかっていないのです。

山崎　僕は小林秀雄のヒトラー論を見ていると、果たして小林は保守なのかと疑問に思うことがあります。小林は決してヒトラーを肯定していたわけではないですが、かといって否定していたとも言い難い。小林の議論はある意味、すごく極端というか、ラディカルだと思うんです。

適菜　ラディカルに題材を論じただけで、小林は保守だと思います。日本では珍しい本質的な保守です。その理由は「近代」について突き詰めて考えたからです。

山崎　保守にとっては「中庸」が重要だと言われることがありますが、小林秀雄も「中庸」というエッセイを書いています。ただ、小林は中庸を維持するためにはラディカリズムが必要だという逆説を論じているんです。

> 昔、孔子が、中庸の徳を説いたことは、誰も知るところだが、彼が生きた時代もまた、政治的に紛乱した恐るべき時代であったことを念頭に置いて考えなければ、中庸などという言葉は死語であると思う。おそらく、彼は、行動が思想を食い散らす様を、到るところに見たであろう。行動を挑発し易いあらゆる極端な考え方の横行するのを見たであろう。行

動主義、政治主義の風潮の唯中《ただなか》で、いかにして精神の権威を打立てようかと悩んだであろう。その悩ましい思索の中核に、自《おのず》ら中庸という観念の生れて来るのを認めた、そういう風に、私には想像される。そういう風に想像しつつ、彼の言葉を読むと、まさにそういう風にしか、中庸という言葉は書かれてはいないことが解る。

中庸を説く孔子の言葉は、大変烈《はげ》しいものであって、所謂《いわゆる》中庸を得たものの言い方などしてはいないのである。

「天下国家モ均《ヒト》シクス可《ベ》シ、爵禄《シャクロク》モ辞ス可シ、白刃《ハクジン》モ踏ム可シ、中庸ハ能《ヨ》クス可カラザルナリ」

つまり、中庸という実践的な智慧《ちえ》を得るという事に比べれば、何も彼も皆易しいことだと言うのである。何故、彼にはこんな言い方が必要だったのだろうか。無論、彼の言う中庸とは、両端にある考え方の間に、正しい中間的真理があるというような、簡単な考えではなかったのであって、上のような言い方は、彼が考え抜いた果てに到達した思想が、いかに表現し難いものであったかを示す。

（小林秀雄「中庸」）

そういう意味では、僕は小林秀雄には保守に収まりきらない部分があったのではないかと思っています。

三島由紀夫の死

山崎　矛盾や葛藤に苦しみながら作品を作るのは、本当に大変なことです。生半可な覚悟でできることではありません。

しかし、僕はそこからさらに一歩進んで、命懸けで言論に取り組んでいるかどうかということを重視したいと思っています。自分の生き死にを懸けて文章を紡いでいるかどうか、自分の全人生を懸けて作品を作っているかどうか、そこに注目したい。

たとえば、三島由紀夫は命懸けで文学を追求していたと思います。三島は『豊饒の海』を完結させると、文字通り命を絶ちました。政治情勢論を完成させてから死んだわけではない。それだけ自分の作品にこだわっていたということです。

文学の世界では、文学者が自殺すると時代が変わると言われます。芥川龍之介は昭和2年に自殺しますが、そのときに「ぼんやりとした不安」という言葉を残しました。芥川の自殺の原因については女性問題を抱えていたとか色々言われており、実際にそういう理由もあったと思います。しかし、芥川が「ぼんやりとした不安」と言ったから、芥川の生きた時代は「不安の時代」と呼ばれるようになったんですよ。

三島由紀夫の自決もそうです。やはり三島が死んだ1970年を境に、時代に一つの区切りがついたように思います。

適菜 ただ、三島は文学者は自殺しないということを書いています。だから三島は文学者として自決したわけではないと思います。

> 私は自殺をする人間がきらいである。自殺にも一種の勇気を要するし、私自身も自殺を考えた経験があり、自殺を敢行しなかったのは単に私の怯惰《きょうだ》からだとは思っているが、自殺する文学者というものを、どうも尊敬できない。武士には武士の徳目があって、切腹やその他の自決は、かれらの道徳律の内部にあっては、作戦や突撃や一騎打と同一線上にある行為の一種にすぎない。だから私は、武士の自殺というものはみとめる。しかし文学者の自殺はみとめない。日々の製作の労苦や喜びを、作家の行為とするなら、自殺は決してその同一線上にある行為ではあるまい。行為の範疇《はんちゅう》がちがっている。病気や発狂などの他動的な力が、突然作家の生活におそいかかって、後になって、彼の芸術の象徴的な意味を帯びるのとは話がちがう。自殺と芸術とは、病気と医薬のような対立的なものなのだ。
>
> （三島由紀夫「芥川龍之介について」）

　また、三島は保守主義者として死んだわけでもありません。保守は理想を疑うから、理想に殉じることはない。

　三島は最後の最後に右傾化し、武士として諫死あるいは憤死を遂げたのだと思います。右翼は保守と違い、理想主義者ですから。

　三島には日本社会が大衆化して破滅に向かって進んでいくことがわかっていました。実際、死の直前にも大衆社会を嘆く言葉を残しています。


　二十五年間に希望を一つ一つ失って、もはや行き着く先が見えてしまったような今日では、その幾多の希望がいかに空疎で、いかに俗悪で、しかも希望に要したエネルギーがいかに厖大であったかに唖然とする。これだけのエネルギーを絶望に使っていたら、もう少しどうにかなっていたのではないか。

　私はこれからの日本に大して希望をつなぐことができない。このまま行ったら「日本」はなくなってしまうのではないかという感を日ましに深くする。日本はなくなって、その代わりに、無機的な、からっぽな、ニュートラルな、中間色の、富裕な、抜目がない、或る経済的大国が極東の一角に残るのであろう。それでもいいと思っている人たちと、私は口をきく気にもなれなくなっているのである。

（三島由紀夫「果たし得ていない約束——私の中の25年」）

実際、日本から保守は駆逐され、いわゆる保守論壇はいかがわしい連中に乗っ取られてしまいました。三島の予言は正しかったということです。

江藤淳を黙殺する論壇

山崎　昔から三島由紀夫の熱烈なファンはたくさんいますよね。保守について論じられる際にも、必ずと言っていいほど三島の名前があがります。

小林秀雄もそうです。小林については色んな人が論じ、名前を出すのも嫌だけど、小川榮太郎のような人間でさえ小林秀雄を論じている。

福田恆存も数年前に『福田恆存評論集』が刊行され、再び注目され始めています。福田を論じる若手の評論家も増えています。

そうした中、あまり名前が出てこないのが江藤淳です。江藤淳も小林秀雄や三島由紀夫と同じように、徹底的に思考を突き詰め、簡単に答えを出すことを拒絶した作家でした。

しかしぼくらが漱石を偉大という時、それは決して右のような理由によってではない。彼は問題を解決しなかったから偉大なのであり、一生を通じて彼の精神を苦しめていた問題に結局忠実だったから偉大なのである。彼が「明暗」に「救済」の結末を書いたとしたなら、それは最後のどたん場で自らの問題を放棄したことになる。これまで述べて来たことから明らかなように、あらゆる作品の示すかぎりに於て、彼は小宮氏の期待する救済を書き得る人ではなかった。ぼくらの心に感動をひきおこすのは、こうした彼の悲惨な姿である。彼はおそらく救済の瀬戸際に立っている。しかし救済はあらわれぬ。彼の発見した「現代人」というものが、すでにそのような宿命を負わされた人間であった。そして生半可な救済の可能性を夢想するには、漱石はあまりに聡明な頭脳を持ちすぎていたのである。

（江藤淳『夏目漱石』）

ところが、江藤淳は保守派の間でどうも嫌われている。江藤が亡くなったあと、『江藤淳全集』を出そうという話があったんですが、いつの間にか立ち消えになってしまいました。今も江藤淳について論じる人はあまりいません。

適菜　『新潮45』で連載されていた「江藤淳は甦える」くらいですか。

山崎　あの連載をしていた平山周吉という人は、もともと江藤淳の担当編集者だったんですよ。誰も江藤淳のことを書かないから、担当編集者が自ら書いたということだと思います。

少し前にも斎藤禎という人が『江藤淳の言い分』という本を出したのですが、彼ももとは編集者です。ジャーナリストや文芸批評家が江藤淳を論じるということがあまりないんです。

それでは江藤淳が論壇に影響力がなかったのかというと、そうではない。実は、いわゆる保守論壇では江藤の名前を出さずに江藤の議論を借用しているということがよく見られます。「押し付け憲法論」がその典型です。これはもともと江藤淳が言い出したものです。江藤が1980年代にこの問題を論じたから、広く議論されるようになったんです。今の自称保守派たちが言っているようなことは、全て江藤の受け売りなんですよ。櫻井よしこの憲法論なんてまさにそうですよ。

適菜　同じ話を念仏みたいに繰り返すのが、連中のビジネスです。

山崎　僕はこれは重大な問題だと思っています。エセ保守たちがいくら批判されてもまともに反論しようとせず、ひたすら同じような議論を繰り返しているのは、彼らの議論が受け売りだからです。

もし自分でデータを集め、自分の頭で物事を考えて議論を行っていれば、何か厳しい批判を受けた場合、自分の議論が正しいことを証明するためにしっかりとした反論をするはずです。相手が正しいと思えば、自らの議論を修正することだってあるかもしれない。少なくともこれまでの議論をそのまま強引に進めることはないはずです。

適菜　安倍もそうですが、自分が信仰している正義を一方的に吐き散らすだけ。それで「論破した」と満悦顔になる。

山崎　江藤淳をきちんと評価しているのは、むしろ左派やリベラルです。たとえば、憲法学者の古関彰一は、憲法の制定過程を論じる際には江藤淳の議論は避けて通れないと言っています。

実は、宮沢がGHQ案（ここで言う「マカアサア草案」）をいつ知ったのか、ということは憲法制定過程において重大な問題であり、なかでも文芸評論家の江藤淳がかなり激しい表現で宮沢批判をしたこともあって、八〇年代にはそれなりに話題になった。

著者は、宮沢問題について気にはなっていたが、江藤が、それ以前からGHQの検閲問題を取り上げて、占領期を「暗い谷間」であったと戦後民主主義を一方的に批判し、「タブー」

「禁圧」などの巧みなレトリックを駆使した攻撃的な語調が目に付いていたこともあり、あるいは宮沢に対しても「改造」に載せた論文「憲法改正について」は「決定的転向声明」であると決めつけ、憲法改正の正当性を主張していたこともあって内容の検討を避けてきたのであった。

しかし、いろいろ文献をあたってみると――宮沢の『憲法と天皇』の「はしがき」を江藤はその当時読んでいなかったと思われるが――先の「はしがき」も含め、宮沢の役割は憲法制定過程の中で重要な意味をもち、そこに注目した江藤の慧眼に眼を覚まされたのであった。さらに江藤が『一九四六年憲法――その拘束』（初出は「諸君！」一九八〇年八月号、のちに文藝春秋から同年刊行）で憲法九条二項は「主権制限条項」だと指摘したことを知って、改めて検討しなければならないと考えたのである。

（古関彰一『平和憲法の深層』）

江藤淳が憲法九条を「検閲」の観点から見たことは、重要なヒントを与えます。実は、思想家の柄谷行人も江藤淳に着目しながら憲法について論じています。

かつてこの論文を読んだとき、私は江藤淳が「隠微な検閲」というとき、フロイトを意識していたのかどうか、という疑問を抱きました。

というのも、フロイトの初期の重要な仕事である『夢解釈』（『夢判断』）において、検閲がキーワードであったことは常識であったからです。だから、憲法九条に関して「検閲」を持ち出すことは、むしろそれが「無意識」にかかわることを暗に示すものとも思えたのです。

（柄谷行人『憲法の無意識』）

引用元を明記せずに平気で人の議論を借用するようになったことも、保守論壇の劣化を象徴するものと言えます。

物書きとしての覚悟

山崎　僕は『ネット右翼亡国論』という本を出したのですが、そこで言論を三つに分類しました。政治情勢について論じる「情勢論」、学問をテーマとする「原理論」、そして自らの生き死にを懸けて物事に取り組む「存在論」です。

江藤淳も政治情勢について論じ、学者の世界に身を置いていたこともあったけど、彼の文章はジャーナリストの文章でも学者の文章でもありませんでした。僕は晩年の江藤淳を知っているのですが、ずっと『漱石とその時代』を完成させることにこだわっていた。作品というものを大切にしていました。

彼も最後は自決して亡くなっており、それについては色々言われているけど、やはり生きるか死ぬかの瀬戸際で物事を考えていたのだと思います。だから当時、彼の書くものは多くの人を惹きつけたんですよ。政治情勢論にもすごい迫力がありました。それだけ真剣に言論に取り組んでいたということです。

適菜　逆に言うと、どのような情勢論を書いているかによって物書きの本性がわかりますね。間違った情勢判断をしているということは、根本のところがおかしいということですから。最初のボタンを掛け間違っているから、全て掛け間違えるわけで。

山崎　そうですね。ただ、間違うかもしれない問題に手を出すことは重要です。難しい問題に手を出さなければ、間違うこともないですからね。勝負をしなければ負けることもないのと一緒です。

櫻井よしこや西尾幹二がまさにそうでしょう。その場の空気を見ながら立場をコロコロ変えるということは、自分の信念を貫いて勝負することを恐れているということです。

適菜　しかし、ここまで政治や社会が壊れてしまうと、立て直すのに相当な時間がかかるでしょうね。

山崎　この流れにいかに抗していくか、物書き一人ひとりの覚悟が問われていると思います。

第六章　西部邁の死をめぐって

計画的な自死

山崎　この対談を締めくくるにあたり、西部邁さんについて取り上げたいと思います。西部さんは先日、多摩川で入水自殺されました。

西部さんは保守派の重鎮とされ、安倍政権に対しても厳しい批判を行っていました。適菜さんも西部さんと付き合いがあったと思いますが、西部さんのことをどのように見ていますか。

適菜　西部さんは第一次安倍政権が崩壊したあとに安倍晋三を自分の勉強会に呼び、面倒を見ていた。私は安倍に対する姿勢について「甘すぎるのではないか」と西部に直接文句を言ったこともあるし、勉強会に呼ばれたときに延々と安倍批判をしたこともあります。安倍に保守思想を教えるなんて無理なんですよ。

山崎　西部さんも晩年は「安倍は保守ではない」ということをあちこちで書いていましたね。

こうした定義に照らし合わせると、安倍首相は最初から保守ではなかったわけです。実は第一次安倍政権が退陣した後、世間から総バッシングを受ける中で、僕だけは彼に手を差し伸べた。1年間にわたって毎月1回のペースで「保守とは何か?」というテーマの勉強会を開催して励ましたのです。

ただ、第二次安倍政権が発足してからは一度だけ食事をともにしただけで、意識的に距離を置くようにしています。だって、政治になんて関わりたくないし、もともと安倍さんには特に悪意を抱いていない一方で、特別に期待もしていないから。

ただ、アベノミクスにおいて、安倍政権が国土強靭化をはじめとするインフラ投資に躍起になっていることは嘆かわしい。あまりにも近視眼的で、ただ橋を何本つくり替えるとかいった施策を進めているだけに過ぎないからです。国のインフラ（下部構造）を整備するに当たっては、まずはスープラ（上部構造＝日本社会の今後の方向性）についてしっかりと議論することが大前提。しかし、それがまったく欠如しているのが実情です。

これで保守と言えるのでしょうか。（2017年10月3日「ダイヤモンド・オンライン」）

適菜　とはいえ、西部さんは保守論壇が崩れ去っていく中で、正気を残していた方だったと思います。

西部が亡くなったあと、エセ保守たちが急に「西部さんからもっと学びたかった」などと言い出しましたが、冗談も休み休み言えという感じですね。単に箔付けのために西部を利用しているだけです。本当に西部から学んでいれば、軽薄なネトウヨごっこをやっている自分を恥じるはずです。西部が生きていれば、間違いなく批判されていたと思いますよ。

それから、西部の死と三島由紀夫の死を同列に扱っている人もいましたが、大間違いです。先ほども述べたように、三島は文学者や保守主義者として死んだのではなく、晩年に右傾化して武士として諫死、憤死したのです。

それに対して、西部は最初から絶望していたのだと思います。狂気の時代に正気を維持していれば、当然そうなります。だから今さら絶望などしない。

私は西部さんは今の医療制度に疑問があり、病院が嫌いで、体が痛くなってきたから死んだのだと思っています。医療に管理されたくないみたいな言い方もしていましたからね。

山崎　体調などを勘案し、計画的に自死したということですね。

適菜　そうなんですよ。だから、あの自死についてあまり深読みしても仕方ないと思います。自称保守の連中が西部を「忖度」して色々解釈しているのはすごく気持ち悪い。

山崎　誰かの死を美談にするのは、かつて左翼がよくやっていたことです。昔の左翼は自分たちがやっていた学生運動とか、学生運動の最中に仲間が亡くなったことを美談にした。実際にはくだらない話だったりするのに、一つの物語を作り上げてしまう。だから僕も、西部さんの死をやたらと褒めている人たちを見ると非常に違和感を覚えます。

その一方で、西部さんの自殺に幇助者がいたからといって、それを「みっともない死に方だ」と批判する気にもなれません。三島の自決だって幇助者がいたわけですからね。そもそもみっともなくない自殺などあるのか。だから僕は、自殺幇助者がいたことを理由に西部さんを批判している人たちにも違和感を覚えます。

保守派に転向した背景

山崎　もともと僕が政治評論をやるようになったのは西部さんの推薦があったからです。だけど、僕は正直、西部さんとそりが合いませんでした。西部さんは学生の頃に左翼運動の先頭に立っていましたが、学校を卒業するとアメリカに留学し、帰国して学者になりましたよね。これは左翼の典型的なパターンです。

おそらく西部さんは当時の論壇をじっと見て、もはや左翼文化人の時代じゃないということがわかったんじゃないでしょうか。だから保守派に転向しようと思ったんじゃないでしょうか。

適菜　なぜ保守的なものに惹かれていったかということは、色々なところで書いています。

それまでにも予感していた思想上のコンバージョンが、転向というよりも改心が、実際に起こったのはイギリス滞在においてであった。つづめていうと、その保守的な精神風土のなかで、「革命と自由」のことを忘れえぬものは保守主義者にしかなりえないのだということを、私は、ほとんど悟りのような境地において、知ったということである。

リボルーションつまり革命とは、歴史に内蔵されている（はずの）良き価値・規範を「再び（リ）」「巡りきたらせること（ボルーション）」である。そのようなものとしての価値・規範を伝統とよぶなら、伝統の「再巡」としての革命を願うものは歴史的な秩序を保ち守るという意味で保守派たらざるをえない。

自由についても然りであって、秩序のない自由は放縦にすぎない。そして、秩序が大事だといっても、それが自由を抑圧するようでは元も子もない。自由と両立する秩序、それは唯一、伝統としての歴史的秩序である。なぜといって、自由の原資ともいうべき人間の個性は、伝統という精神的土壌に根差すときにはじめて、存分に育つものと思われるからである。（中略）

ここで戦後という時代に北海道という場所で育った私は、自分が保守主義者であることについて、いささかの特権があると思わずにはおれない。つまり何かの欠乏（ウォント）にあえいでいるものがそれを激しく欲望（ウォント）するのであるが、私の場合、欠乏し欲望するものが伝統なのである。より正確にいうと、自分の個性と自分たちの時代を安定かつ豊饒にするものとしての伝統は何かと問いつづけるプライベートな思索とパブリックな討論、その欠乏に私ははなはだしい不満足を覚え、その充足を著しく欲望することだ。かくして私はみずから保守主義者を名乗ることになった。（西部邁『破壊主義者の群れ』）

山崎　だけど、元左翼が「今から保守になります」と言ったって、そう簡単には受け入れられませんよね。当時の保守論壇には小林秀雄や三島由紀夫、江藤淳、福田恆存など錚々たる人たちがいたわけですから。実際、清水幾太郎が転向して核武装論をぶち上げたときには、福田恆存から徹底的に批判されました。

「戦後最大のタブーに挑んで話題騒然」とは、如何に週刊誌と雖も羊頭狗肉の度が過ぎはしないか。別に先取権、縄張りにこだわる訳ではないが、ここに取扱われている天皇制の意義、占領憲法の否定、平和主義、非武装中立の幻想、共産主義、或は全体主義の非人間性、アメリカに対する不信感、ソ連を平和勢力と見なす神話、等々、既に過去二十数年間に亘り多くの人々によって言い尽された事であり、それも、清水氏よりは本質的に、論理的に、或は具体的に論じ尽されて来た事である。清水氏の試みた事は、それらの部分々々を寄せ集め、糊と鋏で要領よく整理し、創意は無いが、気楽で斜め読みの出来る優等生並みのダイジェスト版作製に過ぎない。（福田恆存「近代日本知識人の典型清水幾太郎を論ず」）

僕は西部さんが福田恆存から影響を受けたということを強調していた理由もここにあると思っています。西部さんはきっと福田のことが怖かったんですよ。福田は転向した清水幾太郎を激烈に批判していたから、自分も批判されるのではないかと思ったんじゃないでしょうか。だから過剰に福田を意識した文章を書いていたのだと思います。

そうか、そろそろ福田を読むべき時期が自分にやってきたのか、と私は思った。で、福田のものを集中的に、というより熱中して読んで、『諸君！』という雑誌に「保守の神髄」と題し福田恆存論を書いてみた。遅ればせの福田論ではあったが、世はポストモダン華やかなりし「バブル経済の前夜祭」に当たる時期で、福田のことに言及するのは反左翼に偏執する御仁くらい、といった有り様になっていた。

福田恆存を想起せよ、ということに小さくない意味があると私は思った。それ以上に、少し口幅ったいのだが、私のような社会科学、社会思想、社会哲学のあたりを一通り経巡った者が保守論を書くことに少々特別の意義を見出してもいた。つまり我が国における保守論の系譜は、小林秀雄、田中美知太郎、福田、三島由紀夫と数えていけばすぐわかるように、主として文学的な感性に頼って形造られてきたのである。そうでないとしたら、革新思想の欺瞞を「事実」にもとづいて暴露するというマスコミ記事、それが保守派の実態なのだ。だから、「思想の論理」として、認識者も行動者も保守派に棹差すほかないのだ、ということを明らかにしてみたかったのである。

（西部邁『サンチョ・キホーテの旅』）

ただ結局のところ、福田恆存と西部さんは決別したようです。これについては西部さんの証言しか残っていないので、実際に何があったのかはよくわかりません。

ある日の朝九時、福田氏から電話があった。「西部君、きみの論文を読んだよ。それはいいものだと思ったんだが、僕の文章を引用するのをやめてくれないかね」。私はすぐ応えた、「不愉快をおかけしたのでしたら謝ります。ただ、私には先生を利用して自分を飾ろうという気なんか少しもありません。私が先人たちの文章を時々引用するのは、自分が、これは大事なことだと思うとき、そういえばあの先輩もこれについて言及していたなあと気づき、自分がそう思ったのはその人の文言が脳裡のどこかにあったおかげかもしれないと考えて、そうならばその文言に触れておくのが礼儀だろう、と考えてのことにすぎません」。

福田氏は、病気で言葉が少し不自由になっていたせいなのであろう、私の言には何の反応もされなかった。電話が切れてから私は考えざるをえなかった、「そうか、福田氏の虎の威を借りようとする反左翼人士に氏は囲まれてきたのだろうなあ。それを一人ひとり切り捨てる面倒を氏は引き受けさせられてきたのに違いない。自分もそうした狐の一匹とみなされたのか。人付き合いというのは厄介なものだなあ」。（同前）

歴史に残る作品とは

山崎　僕が西部さんに一番違和感を覚えたのは、江藤淳が自死したときです。当時『文学界』が江藤淳追悼号を出したのですが、西部さんはそこで江藤淳の私生活を暴露し、江藤を批判しているんです。
しかし普通、追悼号に批判なんて書きませんよ。僕だって追悼文を書いてくれと頼まれれば、嘘でも褒めます。追悼号とはそういうものでしょう。

軽井沢に同行していた別の新聞記者が、江藤氏から招待されてはいなかったのだが、我々に合流したいと希望した。私の勧めもあって、彼は我々より一時間くらい遅れて江藤邸に電話を入れ、お邪魔してよろしいかと尋ねた。江藤氏の返事は「これから食事なんだ。君の分は用意していないので、一時間後に来給え」というものであった。私は奥様の焼かれたビーフステーキをいただきながら、北軽井沢駅前の暗がりで時間を過しているその新聞記者の様子を想像し、正直にいって嫌な気分になった。各家に独得の仕来たりがあるではあろうものの、その記者が可哀相ではないか、嫌な気持になっている私のことも少しは忖度してくれてもよいではないか、と私は不満に思った。（西部邁「自死は精神の自然である」）

西部さんが批判の焦点としたのは、江藤淳の人付き合いの仕方です。江藤が自分の友人に冷たかったということを非難している。だけど、それは江藤が西部さんと違って徒党を組むのが嫌だったというだけのことです。

先ほど話にあったように、西部さんの自死についてみんなやたらと褒め称えていますよね。それは西部さんがすごく顔が広くて、誰とでも知り合いだったからですよ。彼は勉強会を定期的に開いていたし、雑誌も主宰していた。お酒も好きで、若い人たちとも一緒に飲み歩いていた。これは徒党を組むのが大好きな左翼のやり方です。

これに対して、たとえば三島由紀夫はパーティーなどに参加しても二次会には行かなかったそうです。「自分は仕事があるから」と言ってさっと帰ったのだそうです。江藤淳にもそういうところがありました。小林秀雄も酒好きだったけど、その辺の若者たちと一緒にお酒を飲むということはなかったと思いますよ。

適菜　おっしゃることはわかりますが、西部が保守主義に関してはそれなりにまっとうなことを書いていたということは認めてあげないと可哀想だと思います。1980年代には社会経済学についてもきちんとした作品を残していますし。

山崎　もちろんそうですが、西部さんは小林秀雄や三島由紀夫とは根本的に違うと思いませんか。西部さんは「保守とは何か」、「保守主義とは何か」ということにこだわっていました。これは保守を定義づけ、保守を理論化し、体系化したということだと思うんです。やっぱり左翼特有の構築主義的思考というか、設計主義的な発想が残っていたと思います。

他方、小林秀雄や三島由紀夫などは、保守を定義づけることにあまり関心を持っていなかったと思います。もちろん彼らもそれぞれ保守とは何かということを論じている。しかし、彼らはそれによりも自分の作品を作ることや現実と格闘することにこだわっていました。保守の理論化や体系化に興味があったようには思えません。

適菜　そもそも保守は「常識」に従うことであり、人間の本性に由来するものなので、わざわざ「保守」を名乗るようなものではない。しかし、フランス革命などにより、そう悠長なことを言っていられなくなった。だからあえて保守を定義づけなければならなくなったのが、保守主義ということだと思います。

山崎　僕は西部さんの思想にはどうも首を傾げるところがあるけれども、ただ西部さんのエッセイで大好きなものもあるんです。それはお父さんについての一文です。

西部さんは学生運動に挫折したあと、北海道の実家に帰ります。すると、お父さんから「この家の敷居を跨ぐな」と追い返され、勘当を言い渡されます。仕方がないので家を出て雪の中をとぼとぼ歩いていると、お母さんが追いかけてきて慰めの言葉をかけてくれる、というものです。

深更に及んで我が家の敷居を跨ごうとしたら、父親が険しい表情で玄関先に現れ、「お前みたいな奴に敷居は跨がせない」と言い放った。致し方なく、もしくは当然の顛末と自覚して、石山通りと通称される産業道路を北上して、ある高校の同級生の家にころがり込もうと算段した。（中略）

ともかく、前にも触れたことだが、降りしきる雪のなかを歩いていると、うしろから私の名前をよびつつ母親が、こけつまろびつといった調子で走ってきて、私の腰にしがみつき、

「お父さんはああいっているけど、お前が帰ってきて、本当はほっとしているんだよ」といった。その声が大きかったか小さかったか、今は何も思い出せない。

（西部邁『サンチョ・キホーテの旅』）

お父さんはきっと、「お前の泣き言など聞きたくない」と思ったのでしょう。これはすごくリアリティがあります。かつて学生運動をしていた人たちはみな、似たような経験をしたことがあるはずです。

中野重治の転向小説『村の家』にも同じようなシーンが出てきます。この小説の主人公は治安維持法違反で投獄されます。主人公は釈放されたあと、故郷に帰ると、父親から「お前は転向したのだから筆を折れ」と言われます。主義に殉じることができないならば、主義を捨てろということです。

「おとっつぁんは、そういう文筆なんぞは捨てべきじゃと思うんじゃ。」

「……」

「おとっつぁんらア何も読んでやいんが、輪島なんかのこのごろ書くもな、どれもこれも転向の言いわけじゃってじゃないかいや。そんなもの書いて何しるんか。何しるったところでそんなら何書くんか。いままで書いたものを生かしたけれゃ筆ア捨ててしまえ。それゃ何を書いたって駄目なんじゃ。いままで書いたものを殺すだけなんじゃ。それゃ病気ア直さんならん。しかし百姓せえ。三十すぎて百姓習うた人アいくらもないこたない。タミノじゃって田んぼへ行くのがなんじゃい。そんなこってどうする。さきもいうたとおりじゃ。借金は五千円じゃ。そってでも食うだけゃ何とかして食える。食えんところが何じゃいして。食えねや乞食《こつじき》しれゃいいがいして。それが妻の教育じゃ。また家長たるべきもの、一家の相続人たるべきものの踏むべき道なんじゃ。」

（中野重治『村の家』）

この小説は吉本隆明をはじめとして色々な作家から論じられたので、いわば古典のような存在になりました。しかし、西部さんは同じような問題を抱えていながら、その問題に真剣に取り組まなかったように見えます。

これは先ほども述べた「情勢論」、「原理論」、「存在論」の三段階の問題です。西部さんは産経新聞や『WiLL』や『Hanada』などに執筆しているエセ保守のような「情勢論」だけの人ではなかった。思想史や哲学理論に基づく「原理論」も展開した人だった。しかし、小林秀雄や三島由紀夫のような「存在論」には至らなかったのではないか。だから遺作が『保守の真髄』や『保守の遺言』のような政治評論になってしまったのではないか。

しかし、西部さんだって本当は存在論的な問題に直面していたはずなんです。だから、僕は西部さんにはその問題を掘り下げ、中野重治のように『父と私』といった作品に仕上げてもらいたかったですね。それはきっと歴史に残る作品になったはずです。

おわりに

本書は今の日本の論壇で最も批判精神の旺盛な作家・哲学者の適菜収氏との対談である。適菜氏と僕は、意見や考え方が全て一致しているわけではない。細部では意見の違いも少なくなかった。それでも気分よく対談することができた。意気投合したと言ってもいい。

僕が適菜氏を現代の言論人として例外的に信用するのは、その批判精神に深く共感しているからだ。適菜氏は思いつきや受け売りの発言しかできない「情勢論」的言論人と違い、ニーチェ研究やゲーテ研究、三島由紀夫研究を基盤に、「原理論」的思考のできる言論人だ。

しかも、ニーチェ論をはじめとした適菜氏の古典論は、知識や教養としての古典論ではない。それは「生きた古典論」であり、「触れれば血の吹き出すような古典論」である。

僕はそのレベルにまで達している言論人しか信用しない。

僕は命懸けの言論しか信用しない。批判や批評が命懸けであるからこそ、命懸けの論争も起きるのである。

批判精神のない民族も国家も滅びる。自己批判や自己否定の精神を失ったら、文学も哲学も、そして政治や経済も滅びる。

昨今の日本の論壇や文壇、そしてジャーナリズムには、自画自賛の言説が溢れ返っている。つまり、批判精神が衰弱し、枯渇している。仲間内でしか通用しない全員一致のファシズム的言説のオンパレードだ。

小林秀雄はデビュー作『様々なる意匠』で、「自己批評」について次のように言っている。

人は如何にして批評というものと自意識というものとを区別し得よう。彼の批評の魔力は、彼が批評するとは自覚する事である事を明瞭に悟った点に存する。批評の対象が己れであると他人であるとは一つの事であって二つの事でない。批評とは竟に己れの夢を懐疑的に語る事ではないのか!

僕はこの文章を「批評とは自己批評である」と読む。自己批評を伴わない批評は、他者や外国への罵倒かヘイトスピーチにしかならない。

現在の日本の混迷は、この自己批評の欠如に起因する。産経新聞や『WiLL』、『Hanada』といった自称保守系メディアに溢れる自画自賛の言説がそれを象徴している。

一方、左翼系メディアも似たようなものである。彼らもまた、自己批評や批判精神を失っている。紋切り型の言説が繰り返されているだけだ。だから命懸けの論争も起きない。安全地帯からの一方的な罵倒が繰り返されるだけである。

僕たちは安倍政権および政権擁護しかできない自称保守やエセ保守を徹底批判した。だが、そのスタンスは左翼とは全く違う。僕は生まれも育ちも保守に馴染んでいるし、適菜氏もそうだろう。

僕たちは保守論壇や保守系ジャーナリズムにおいて、徒党を組むことや仲間を増やすことではなく、命懸けの論争が成立することを望んでいる。よって、異論も反論も歓迎する。

対談の企画から編集まで、『月刊日本』副編集長の中村友哉さんのお世話になった。本書は中村さんの努力なしには成立しなかった。深く感謝したい。

２０１８年

山崎行太郎

本書は『月刊日本』（２０１６年４月号、２０１７年３月号、８月号、10月号、２０１８年３月号）に掲載された対談に大幅な加筆を行い、再構成したものです。

適菜収（てきな・おさむ）

1975年山梨県生まれ。作家、作詞家。著書にニーチェの『アンチ・クリスト』を現代語訳にした『キリスト教は邪教です！』、『ミシマの警告　保守を偽装するB層の害毒』（ともに講談社＋α新書）など多数。最新刊は『問題は右でも左でもなく下である』（KKベストセラーズ）。

山崎行太郎（やまざき・こうたろう）

1947年鹿児島県生まれ。哲学者。著書に『小林秀雄とベルグソン』（彩流社）、『保守論壇亡国論』（K＆Kプレス）など多数。最新刊は『ネット右翼亡国論』（メディア・パル）。

（五十音順）

エセ保守が日本を滅ぼす

2018年7月8日　第1刷発行

著　者　適菜収・山崎行太郎

発行者　南丘喜八郎

発行所　K＆Kプレス

〒102―0093
東京都千代田区平河町2－13－1
相原ビル5階
TEL　03（5211）0096
FAX　03（5211）0097

印刷・製本　中央精版印刷

乱丁・落丁はお取り換えします。

ISBN978-4-906674-70-1